Martin F. Wolters
Die fünfte Generation

Martin F. Wolters

Die fünfte Generation

Der Schlüssel zum Wohlstand durch Industrieroboter und intelligente Computer

Wirtschaftsverlag Langen-Müller/Herbig

© 1984 by Wirtschaftsverlag Langen-Müller/Herbig
Albert Langen · Georg Müller Verlag GmbH, München
Alle Rechte vorbehalten
Schutzumschlag: Christel Aumann, München
Gesamtherstellung: Jos. C. Huber KG, Dießen
Printed in Germany
ISBN: 3-7844-7143-9

Inhalt

1. Kapitel:
Die Zukunft ist schon veraltet 7

2. Kapitel:
Allzu Menschliches und das Judo-Prinzip . . . 26

3. Kapitel:
Wünsche und Wahrheiten,
Irrungen und Impulse 42

4. Kapitel:
Die Symbolverarbeitung 73

5. Kapitel:
Was leistet die fünfte Computergeneration? . . . 84

6. Kapitel:
»Japan ist nicht Deutschland«.
Eine Killerphrase! 100

7. Kapitel:
Know-how-Übertragung und
erste Anwendungen 117

8. Kapitel:
Auf der Spur der Sekundäreffekte 151

9. Kapitel:
Die Langfristplanung
des Automobilherstellers Xcars 164

10. Kapitel:
Die Robbies kommen 181

11. Kapitel:
Einige Gedanken in der Morgenröte 195

1. Kapitel:
Die Zukunft ist schon veraltet.

Es wird nicht ganz leicht sein: Als vielfältig einsetzbare, intelligente Maschine ist der bereits in Tätigkeit zu besichtigende Roboter der 3. Generation ein gemeinsam von Mensch und Roboter hergestelltes Objekt, das wie kaum ein anderes, neueste, manch einem noch utopisch anmutende Entwicklungen aus vielen Wissensgebieten integriert. Jede dieser Entwicklungen kann bereits für sich Angstgefühle und Abwehrreaktionen hervorrufen, solange sich niemand die Mühe gibt, sie auf einfache Weise zu erklären. Wir wollen das versuchen. Brauchbare Informationen und Ratschläge können hierbei nur von denjenigen Leuten kommen, die jahrelang sowohl mit der Grundlagenentwicklung als auch mit praktischen Versuchen auf *allen diesen Gebieten* Erfahrungen gesammelt haben. Es gibt davon nicht allzu viele. Sie werden hier zu Wort kommen. Die Frage, woran es denn liegt, daß bis heute kein Weg gefunden wurde, kein wirklich fundierter Vorschlag vorliegt, der mit sehr großer Wahrscheinlichkeit zu Zielen wie Vollbeschäftigung, Übernahme und Nutzung neuester Technologien, Wirtschaftswachstum und Lösung des Seniorenproblems führt, soll mit ihrer Hilfe nicht nur beantwortet werden, sondern es werden derartige Wege beschrieben. Hierbei wird die Schlüsselrolle der Industrieroboter gezeigt.

Haben diejenigen recht, die behaupten, man müsse nur das Wirtschaftswachstum wieder herbeiführen, dann verschwindet die Arbeitslosigkeit von selbst? Oder ist etwa die Arbeitslosigkeit primär technologiebedingt und wird bei einer konjunkturellen Besserung keinesfalls verschwinden? Haben diejenigen recht, die nach wie vor in der Zukunft eine Fortsetzung der Vergangenheit sehen, oder ist es richtig, daß neuauftauchende Technologien die jeweilige Situation so verändern können, daß dieses nicht mehr gilt? Hier gäbe es einige sehr plausible Möglichkeiten, die Gestaltung einer *erwünschten* Zukunft aktiv zu betreiben.

Seit langem wird von der Notwendigkeit gesprochen, lebenslänglich lernen zu müssen. Was, bitte schön? Auf welche Weise? Sind die Älteren noch lernfähig? Müssen wir etwa die ältere Generation abschreiben? Diese Fragen sollen beantwortet werden. Wir werden darstellen, auf welche Weise dieses geschieht, was so etwas kostet und wer das bezahlen wird.

Woran liegt es, daß gerade veröffentlichte Mitteilungen über sensationelle neue Möglichkeiten der Mikroprozessoren oder Industrieroboter zum Zeitpunkt des Erscheinens bereits veraltet sind?

In diesem Buch, das sich mit dem Thema der durch technologischen Fortschritt und durch die Industrieroboter erzeugten Arbeitslosigkeit und deren Abbau beschäftigt, werden Fakten genannt, die jeder nachprüfen kann. Es ist ein unhöfliches Buch. Es nimmt keine Rücksicht auf Position, Titel oder Vorbildung. Konkrete Vorschläge zur Beseitigung der Arbeitslosigkeit werden gemacht und die wichtigsten der hierbei mitspielenden Wirkungsfaktoren genannt. Der Leser hat dann genügend Information, um die Situation grundsätzlich zu beurteilen und die Vorschläge bewerten zu können. Auch diejenigen sind angesprochen, deren Arbeitsplatz durch die Einführung der Roboter gefährdet oder schon überflüssig geworden ist.

Nun zu dem Versuch einer Bestandsaufnahme: Im Jahr 1981 wurde in der britischen Zeitschrift »Industrial Robot 8« ein Vortrag veröffentlicht, den Kanji Yonemoto, Chef der JIRA (Japan Industrial Robot Association), im Jahr 1979 gehalten hat. Demnach hatte Japan

1979: 57 000 Industrieroboter im Einsatz (kumulativ seit 68)
14 000 im Jahr 79 hergestellt.

Plan:
1980: 77 000 Industrieroboter im Einsatz (kumulativ seit 68)
19 900 im Jahr 80 hergestellt (Vorausschau).

Im Jahr 1982 wurden folgende Zahlen veröffentlicht: Das amerikanische Journal of Prod.Res. für das Jahr 82 in Japan: 5000 – 30 000 Stück, nach persönlichen Recherchen der Firma Unimation, dem US-Robotergiganten. Im gleichen Jahr meldet das Fraunhofer-Institut für Produktionstechnik und Automatisierung (IPA) in Stuttgart für das Jahr 1981 in Japan 8500 Industrieroboter im Einsatz.

Für die USA selbst prognostiziert das Journal of Prod.Res. für das Jahr
82: USA 3 800

9

85: USA 4 800
90: USA 17 100

IPA meldet dagegen für das Jahr 81 in den USA bereits 7000 Industrieroboter. Erst im Jahr 1983 erscheinen Zahlen für die Bundesrepublik Deutschland. (Es handelt sich hierbei um *nachträgliche* Feststellungen, wieviel Industrieroboter im Jahr 19*81* in den einzelnen Ländern eingesetzt waren!) In der April-Nummer zeigt »Spektrum der Wissenschaft« die nachfolgend links dargestellte Zahlenkolonne, rechtsstehend die »Computer Zeitung« ihre Variante der 1981 vorhanden gewesenen Industrieroboter:

Jap.	67 435	Jap.	10 000
USA	4 100	USA	5 000
BRD	11 400	BRD	2 300
–	–	Schweden	1 700
Schwz.	8 050	–	–
GB	371	GB	713

Gleichzeitig sagt die »Computerwoche« vom Juli 83 für die Bundesrepublik für das Jahr 1990 15 000 Roboter voraus. Laut »Spektrum der Wissenschaft« hätten wir davon 11 400 schon 1981 gehabt!

Weiter sagt die »Computerwoche« vom Juli 83 für Japan im Jahr 1982 mehr als 13 000 und für die USA im Jahre 82, 6250 Roboter voraus. Die »Computer Zeitung« vom Juli 82 andererseits fügt ihrer Zahlenkolonne noch hinzu, daß Japan bis 1985 eine jährliche Zunahme von 50 %, danach nur noch von 10 % voraussieht, und billigt den USA für den Anfang der 90er Jahre bereits 200 000 Industrieroboter zu.

Was ist aus derartig verwirrenden Angaben zu schließen? Sind es nur Unklarheiten in der Definition des Begriffes »Roboter«? Werden bewußt Informationen zurückgehalten, um keine Panik und damit verbundene Kurzschlußhandlungen auszulösen?

In der Bundesrepublik handelt es sich dann um einen Roboter, wenn er »frei programmierbar« ist und mindestens drei »Achsen« beherrscht. Das heißt, er kann wie ein Computer in Form eines ladbaren Programmes für eine große Anzahl unterschiedlicher Arbeiten eingerichtet werden. Die modernen Haushaltsmaschinen wie Geschirrspüler, Waschmaschinen, mustererzeugende Nähmaschinen etc. sind demnach keine Roboter. Sie sind zwar mikroprozessor-gesteuert, aber so eingerichtet, daß sie nur eine ganz definierte Art von Tätigkeitsfolgen ausführen können. Diese lassen sich zwar getrennt je nach Bedarf abrufen, aber in keiner Weise verändern. Auch die Elektronik im Automobil, die das ABS-System, die Treibstoffeinspritzung, die gesamte Funktionsüberwachung, die Lenk- und Bremshilfen steuert und neuerdings auch sprechen kann, fällt nicht unter den Begriff Roboter. Sehen wir uns demgegenüber die japanische Definition des Begriffes Roboter an, wie sie im japanischen Industriestandard JISB 0134 aus dem Jahr 1979 festgelegt ist:

Ein Roboter ist definiert als ein mechanisches System, das flexible Bewegungsfunktionen ausführen kann, die den Bewegungsfunktionen lebender Organismen entsprechen oder derartige Bewegungsfunktionen mit intelligenten Funktionen kombiniert und in Befolgung des menschlichen Willens

11

handelt. In diesem Zusammenhang bedeutet »intelligente Funktionen« die Fähigkeit zu wenigstens einem der folgenden Begriffe: Beurteilungsvermögen, Erkennungsvermögen, die Möglichkeit, sich anzupassen oder zu lernen.

Demgegenüber ist ein »Manipulator« eine Vorrichtung, die Objekte in einer gewünschten Weise manipuliert. Ohne mit den Händen berührt zu werden, hat die Vorrichtung mehr als zwei solcher Bewegungsmöglichkeiten wie Herumdrehen, hinaus-hinein, auf-ab, Fortbewegung nach rechts oder links, Schwingen oder Beugen, so daß ein beliebiges Objekt räumlich durch Halten, Anhaften etc. transportiert werden kann.

Wie es scheint, geht die japanische Definition entschieden weiter als die deutsche. Fazit: Mit den veröffentlichten Zahlen ist nicht viel anzufangen. Es ist schon gar nicht eine langfristige Planung darauf aufzubauen. Eines scheint sicher: Alle Autoren nehmen an, daß die Zahl der eingesetzten Industrieroboter sehr schnell steigt, wobei erwartet wird, daß sich die Zunahme immer mehr beschleunigt.

In den USA und in Japan gibt es eine Entwicklungsrichtung, an der mit allen, manchen noch utopisch erscheinenden Hilfsmitteln gearbeitet wird: Das neue Projekt heißt MUM (Methodology of Unmanned Manufacturing). Die wirtschaftlichste Art zu fertigen? Es gibt eine Menge sehr gescheiter Leute, die glauben, in der menschenleeren Fabrik den sichersten Weg zur Beseitigung der Arbeitslosigkeit gefunden zu haben. Auf den ersten Blick scheint es, als gehören solche Leute ins Irrenhaus. Wir werden MUM erklären und hieraus eine Reihe von praktischen Schritten ableiten, die zu bereits erfolgreich erprobten Verfahren führen. Hierbei erscheint es uns ziemlich gleichgültig, ob nun fünf Millionen oder 500 000 Arbeitsplätze durch die Industrieroboter überflüssig gemacht werden, denn wir wollen auch keine 500 000 Arbeitslose. Die Maßnahmen sind so geartet, daß die Menge der Betroffenen weniger eine Rolle spielt als die *Geschwindigkeit*, mit der Arbeitsplätze u. U. gefährdet werden.

Warum geht die Entwicklung immer schneller vor sich – warum bleibt für auffangende Maßnahmen immer weniger Zeit?

Eine Haushaltswaschmaschine bietet zur Auswahl eine Anzahl von Programmabläufen an (Fachleute nennen das ein »Menu«), aus denen der gewünschte abgerufen und hier noch innerhalb einer starren Reihenfolge gewisse Tätigkeiten beeinflußt werden, wie etwa die Zahl der Spülgänge, das Trockenschleudern etc. Daß der Abruf dieser Tätigkeiten innerhalb der Maschine nicht mehr durch verstellbare mechanische Schalter wie Nockenscheiben, Stellhebel, Kupplungen und Getriebe erfolgt, sondern neuerdings durch Mikroprozessoren gesteuert wird, geschieht aus Gründen der Fertigungsökonomie: Die mechanischen Stellglieder von früher bestanden aus Hunderten von Teilen, jedes für sich teuer in der Herstellung und dem Verschleiß unterworfen. Der Ersatz durch einen Mikroprozessor kann bis zu 90 % billiger sein. Gleichzeitig läßt sich das Gerät dann sehr wirtschaftlich zukünftigen Entwicklungen anpassen: Neue oder erweiterte Waschprogramme können in späteren

Modellen durch anders programmierte Mikroprozessoren praktisch ohne Mehrkosten realisiert werden.

Dem Benutzer, der davon überhaupt nichts merkt, stehen etwa 20 verschiedene Funktionen zur Verfügung, die er nach gewissen Regeln zusammenstellen, abrufen oder unterdrücken kann. Es ist durchaus zulässig, hier bereits von Programmieren zu sprechen. Das gleiche läuft ab, wenn man einem Fernsehgerät mitteilt, welche Sendungen um welche Zeit ein- und ausgeschaltet werden sollen oder dem Videorecorder, welche Sendung an welchem Wochentag um welche Zeit aufgenommen werden soll. Demgegenüber erscheint das Programmieren eines großen Computers wesentlich schwieriger. Ihm stehen 300−500 mögliche Programmschritte zur Verfüguing, die zur Durchführung jeder denkbaren Operation an Daten in beliebiger Folge zusammengestellt werden können. Aus praktischen Gründen sind wir jedoch dazu übergegangen, jedes Computerprogramm in Bausteine zu zerlegen, die bestimmte Aufgaben durchführen, die »autark« sind. Dieses bedeutet, daß die von einem anderen Baustein kommenden Daten nur an einer einzigen Eingangstür in ganz bestimmter Form übergeben werden können. Diese Tür heißt »Eingangsschnittstelle« (Input-Interface). Die Vorgänge innerhalb des Bausteins sind von außen nun nicht mehr beeinflußbar. Die nach Vorschrift bearbeiteten Daten werden, wiederum in bestimmter Form, an der Ausgangstür, der »Ausgangsschnittstelle« (Output-Interface) wieder abgeliefert. Solche Bausteine erfüllen bestimmte, vielfach verwendbare Aufgaben, wie z. B. Listen aufbauen, Listen lesen, zwei Listen miteinander vereinigen. Aufgaben also, die nur in Verbindung mit anderen Bausteinen sinnvoll sind. So etwas heißt »Strukturierte Programmierung«.

Diese Funktionsbausteine sind nicht zu verwechseln mit den leider auch oft »Baustein« genannten Themenprogrammen, die insbesondere für Personal bzw. Home Computer gekauft werden können: ein Bibliotheksprogramm, ein Steuerabrechnungsprogramm, ein Budgetierungsprogramm etc. Jedes dieser Programme besteht wiederum aus einer Anzahl von Funktionsbausteinen.

Die Anzahl derartiger Strukturen ist endlich: Spezialisten errechnen einen Bedarf von max. 30 000 Stück, um sämtliche heute bekannten Anwendungen in Entwicklung, Planung, technischem und kommerziellem Einsatz abzudecken. Das moderne Programmieren besteht daher nicht mehr aus einem mühsamen Aneinanderreihen einzelner Befehle nach der Art, wie etwa aus den Worten einer Sprache beliebige Sätze hergestellt werden können. In natürlicher Sprache werden die benötigten Funktionen in der Reihenfolge aus einer Funktionenbank abgerufen, in der sie gebraucht werden: Das Programmieren wird auf ein Zusammenstellen aus bewährten Funktionsbausteinen reduziert, das ohne besondere Computerkenntnisse vom Benutzer durchgeführt werden kann. Daß das riesige Vorteile bringt, allein durch den Wegfall der Wartung (das teuerste an einem Computerprogramm) von jeweils neu hergestellten Anwenderprogrammen, soll hier nur am Rande erwähnt werden. Statt dessen werden ja nur noch an zentraler Stelle die wenigen, immer wieder in anderer Zusammenstellung verwendeten Einzelfunktionsbausteine gewartet.

An einem so zusammengestellten Programm spielt sich nun folgendes ab:

Ein spezielles Überwachungsprogramm stellt beim Ablauf eines aus einzelnen Bausteinen zusammengestellten Anwenderprogrammes fest, welcher Baustein die meiste Rechenzeit benötigt. Dieser Baustein wird in einem weiteren Schritt auf die langsamste Befehlsfolge untersucht. Mit solchen Hinweisen versehen, ist es einem Sachbearbeiter leicht möglich, den Ablauf dieses Bausteins zu beschleunigen. Der verbesserte ersetzt dann den alten Baustein. Inzwischen können das die Programme selbst. Jetzt kommt eine geistige Hürde. Bitte, genau aufpassen: Dem Überwachungsprogramm ist es völlig gleichgültig, welches Anwenderprogramm untersucht wird. Wir können daher das Überwachungsprogramm auch sich selbst überwachen lassen! Dieses Überwachungsprogramm ist dann zweimal im Computer enthalten: Einmal ist es das überwachende, einmal das zu untersuchende Objekt. Das Überwachungsprogramm A führt also am Überwachungsprogramm A dieselben Funktionen aus, wie es dieses am Anwenderprogramm B gemacht hätte. Die Folge, *das Programm verbessert sich selbst!* So, wie sich Baron Münchhausen am eigenen Zopf samt Pferd aus dem Sumpf zieht. Es gibt eine Geschichte zum gleichen Thema aus Amerika, die in einer neueren Zeit ohne Zöpfe spielt: Der betreffende zieht sich dabei an den Schnürsenkeln aus dem Sumpf. Die Methode heißt daher »Bootstrapping-Methode«. Hiermit wird natürlich eine unglaubliche Beschleunigung der Entwicklung erreicht, weil immer dann, wenn es gelingt, das *Prinzip* der Verbesserung zu formulieren und zu programmieren, das Verbessern selbst automatisiert werden kann.

Keine Sorge, daß uns das davonläuft! Es ist immer noch der Mensch, der es in der Hand hat zu bestimmen, welche Programme auf diese Weise behandelt werden sollen.

Eine andere Erkenntnis läßt sich aber bereits ziehen: Diese Vorteile genießt nur der, der sich vorher entschlossen hat, die konservative Art des Programmierens (wobei jeder jedes Programm neu schreibt und dieselben Fehler, die andere gemacht haben, ständig wiederholt) aufzugeben und mit Nachdruck mehrfach verwendbare Funktionsbausteine herzustellen. Die durch den Fortfall des Wartungsproblems eingesparten Millionen finanzieren die Umstellung leicht. Immerhin kostet die Programmwartung – je nach Größe des Computerprogramms – in der Lebenszeit eines Programmes (heute kaum mehr als fünf Jahre) einen Betrag, der mindestens das Vierfache der Herstellkosten beträgt. Bei großen Systemen, wie etwa denjenigen des amerikanischen Verteidigungsministeriums, können die Wartungskosten bis zum zweitausendfachen (!) der Herstellkosten ansteigen.

Dieses ist nur *ein* Beispiel dafür, wie schnell die Zukunft auf uns zukommt und daß es sicher nicht mehr richtig ist, bei einem gescheiterten Projekt darüber zu klagen, daß »hier nicht zu Ende gedacht wurde«. In solchen Fällen ist meist nicht genügend *vorausgedacht* worden! Vorausdenken ist Planen, eine Strategie entwickeln.

An dieser Stelle ergibt sich die Gelegenheit, auf einige andere Wissenszweige zu weisen, die der Industrieroboter in seiner Funktion vereinigt.

Das »praktische« Ende der künstlichen Intelligenz ist das »Expertensystem«. Hiervon kann es eine beliebige Anzahl geben, da sich jedes mit einer eng umgrenzten, genau definierten Sachlage beschäftigt, wie etwa das medizinische System MYCIN ausschließlich mit Infektionskrankheiten des Blutes und der Hirnhaut und deren Behandlung mit Antibiotika. Der Grund für diese Beschränkung liegt nicht am Schwierigkeitsgrad des Themas und auch nicht mehr an Unzulänglichkeiten der zur Verfügung stehenden Hardware, sondern daran, daß man aus Geschwindigkeitsgründen mit einem solchen System in *natürlicher Sprache* verkehren muß und es bisher nur außerordentlich wenige Verfahren gibt, die bereits die notwendigen sprachanalytischen Qualitäten erreicht haben. In diesen Expertensystemen wird das Spezialwissen hervorragender Forscher und Entwickler von der Person des Wissensträgers getrennt und im Computer gespeichert. Das System kann dann auf fachliche Fragen anderer Forscher und Entwickler so antworten, als säße der Wissensträger selbst noch mit im Computer. Auf diese Weise kann das Wissen vervielfältigt und verkauft werden, worauf Länder wie Japan und die Bundesrepublik angewiesen sind, die über keine oder nur ganz wenige exportfähige Bodenschätze oder Rohstoffe, dafür aber über eine ganze Anzahl hervorragender Forscher und Entwickler verfügen.

Das Expertensystem (Expert System) zu einem bestimmten Thema besteht also aus einer Art Datenbank, in der drei Kategorien des jeweils auf das Thema bezogenen Wissens gespeichert sind: 1.) das Schulwissen, wie es in der Literatur festgehalten und von Lehrstühlen in Hochschulen verkündet wird, 2.) begründete Annahmen, die noch nicht eindeutig bewiesen wurden, und schließlich 3.) das brandneue heuristisch erworbene Wissen von Experten an der vordersten Entwicklungsfront. Dieses durch logisches Schlußfolgern, durch Erfahrung oder durch Zufall erworbene Wissen ist sehr viel umfangreicher als das Schulwissen. Es wird kaum jemals schriftlich festgehalten. Die forschenden und entwickelnden Experten möchten nun in der Lage sein, bei ganz plötzlich auftretenden aktuellen Problemen *sofort* die diesbezügliche Meinung anderer Experten zu erfahren und zu nutzen, um Irrwege, die andere bereits erkannt haben, nicht noch einmal zu durchlaufen, Erfahrungen, die andere gemacht haben, sich nicht selbst teuer erwerben zu müssen, sich aber auch selbst weltweit mit eigenen Entdeckungen vorstellen zu können. Damit kann für alle Beteiligte ein sehr viel schnellerer Fortschritt bei gleichzeitiger erheblicher Kosteneinsparung und Vermeidung von Doppelarbeit erreicht werden.

Dieses neue, durch Erfahrung (»heuristisch«) erworbene Wissen besteht aus zwei Teilen: den in Erfahrung gebrachten Fakten oder Auswirkungen selbst und der Ableitungsmethodik, dem »Inference System«, das im Kopf des Experten abgelaufen ist, um zu dem entsprechenden Wissen zu kommen. Ein hierfür ausgebildeter Spezialist, der Wissensingenieur, fördert dieses (der Experte kann das im allgemeinen gar nicht selbst artikulieren) zutage und bringt es auf den Computer.

In der Praxis läuft so etwas etwa folgendermaßen ab: Ein Herzoperateur, der dabei ist, ein künstliches Organ zu implantieren, gerät in eine ihm ungewohnte Situation. Er würde hierzu gerne die Meinung von Professor X hören. Hierfür stehen nur 60 Sek. zur Verfügung, da er die Operation nicht länger unterbrechen kann. Er kann daher weder in einem Codebuch nachschlagen noch einem Assistenten erklären, was er wissen möchte, und diesem die Recherche überlassen. Solange es noch keine einwandfrei arbeitenden Spracheingabegeräte gibt, diktiert er daher seine Anfrage einer Assistentin in die Tastatur. Die unmittelbar darauf eintreffende Antwort wird dann vorgelesen. Wird zurückgefragt, warum Professor X die Situation so erklärt, wäre das System in der Lage, den Gang der logischen Schlußfolgerungen des Professor X zu zitieren, eventuell ergänzendes Schrifttum zu benennen und zusätzliche Kommentare abzugeben.

Seit einigen Jahren werden derartige Systeme versuchsweise bereits in größeren Industriebetrieben, staatlichen Organisationen, Forschungszentren und Behörden in den USA und in Japan eingesetzt. Die 5. Computergeneration, die Japan z. Zt. entwickelt, wird Ende der 80er Jahre hierfür besonders günstige Voraussetzungen schaffen.

Für den Industrieroboter der dritten Generation stehen derartige Programme, wie sie für die Expertensysteme entwickelt wurden, zur Verfügung. Weil mit den Mikroprozessoren ungeheure Wissensmengen und sehr große Programme auf allerkleinstem Raum für jeden speziellen Zweck billig zur Verfügung gestellt werden können, ist der Roboter in der Lage, auf seinem »Arbeitsgebiet« Informationen zu verwerten, die er mit seinen »Sinnesorganen« (Sensoren) wahrgenommen hat und entsprechende Schlußketten zur Ermittlung der logischerweise nun erforderlichen Aktion in Gang zu setzen.

Bei den eingebauten Sensoren handelt es sich meist um Gesichtssinn, Tastsinn und akustische Wahrnehmungen. In der Entwicklung dieser Sinnesorgane, weniger in der benötigten »künstlichen Intelligenz«, lag der Engpaß, der auch heute noch viel Raum für Verbesserungen bietet. Der Vorteil einer solchen Maschine besteht u. a. darin, daß sich beispielsweise Tastsinn und optische Wahrnehmung ergänzen können: Man kann das Frequenzspektrum des zu erfassenden optischen Eindruckes auf das Infrarote ausdehnen, so daß Temperatur nicht nur, wie es der Mensch tut, ertastet, sondern regelrecht auch »gesehen« werden kann. Da es sich bei den vom Industrieroboter durchzuführenden Aktionen immer um eine Kombination der Feststellungen mehrerer unterschiedlicher Sensoren handelt, muß für eine logisch richtige Rückkopplung und Ergänzung der Meldungen der einzelnen Sensoren gesorgt werden. Auch Erfahrungswerte müssen gespeichert werden. Ein simples Beispiel: Der Roboter muß in der Lage sein, ein rohes Ei anzufassen und irgendwo abzulegen, ohne daß es kaputtgeht oder ihm entgleitet. Ebenso muß er in der Lage sein, einen eiförmigen Gegenstand aus Gummi oder einem schweren Metall zu hantieren. Er muß also lernen, die Bedeutung unterschiedlichen

21

Gewichtes bei gleicher Gestalt, den Begriff von Sprödigkeit und Elastizität richtig einzuordnen und gemachte Erfahrungen abzuspeichern um darauf später zurückgreifen zu können.

Was geschieht, wenn einer oder mehrere Sensoren ausfallen? Viele Leser wird es überraschen, daß bereits vor 50 Jahren bei den damals noch gänzlich mechanisch arbeitenden automatischen Fernsprechämtern innerhalb von 30 (dreißig!) Betriebsjahren ununterbrochenen 24-Stunden-Betriebes *akkumuliert* nur zwei Ausfallstunden zulässig waren! Dieses wurde durch redundanten Aufbau (d. h. lebenswichtige Baugruppen waren mehrfach vorhanden) erreicht. Entsprechende Anzeigen meldeten einen Ausfall sofort, so daß die Wartungsleute die schadhafte Baugruppe schnell austauschen konnten. Der Betrieb wurde inzwischen von der Reservebaugruppe übernommen.

Wir müssen leider feststellen, daß heute noch nicht von allen Herstellern elektronischer Großgeräte überall eine solche Robustheit und Betriebssicherheit erreicht werden konnte. Da die elektronischen Geräte viel mehr leisten, ist es auch schwieriger, einen ähnlich einfachen Wartungsvorgang zu erreichen. Im Prinzip geschieht sehr Ähnliches: redundanter Aufbau. Alle paar Sekunden läuf ein »alle-Mann-an-Bord-Programm« (das selbst nur einige Millisekunden parallel zu den Hauptprogrammen läuft) ab, das feststellt, ob irgendein Bauteil ausgefallen ist. Ist das so, wird eine Diagnoseroutine eingeschaltet, die das ausgefallene Teil erkennt und seine Bezeichnung ausdruckt. Nun ist es eine Frage des wartungsfreundlichen Aufbaus, des Lagerbestandes und der Organisation, ob das defekte Teil ausgetauscht werden kann, bevor das redundante Teil ebenfalls ausfällt. Aber auch dann noch kann das Diagnoseprogramm u. U. das Gerät auf eine niedrigere Leistungsstufe zurückschalten. (Fachleute nennen das »fail soft«.) Alle diese Möglichkeiten stehen unserem Roboter auch zur Verfügung.

Die logische Ableitungskette für Industrieroboter beruht meistens auf dem »Wenn/Dann-Prinzip«. Hierfür ein vereinfachtes Beispiel: Ein Montageroboter soll in einem örtlichen definierten Bereich ein fertigmontiertes PKW-Rad aufnehmen, es vom Aufnahmeort A auf einer vorgeschriebenen Bahnkurve zum Montageort B schwenken und dort (am Fließband) an den PKW anschrauben. Einzelheiten der Aufnahme- und Montageregeln sollen hier nicht interessieren, denn sie sind Bestandteil des Programms. Ein »intelligenter« Roboter wird sich nun überzeugen, ob sich nicht u. U. doch ein Hindernis im Bereich der vorgeschriebenen Bahnkurve befindet. Hierbei kann folgende Schlußkette ablaufen:

Wenn   der Ultraschallsensor im Bereich der Bahnkurve ein Objekt feststellt,

Wenn   die Ausdehnung des Objektes zwischen 1 m und 2,30 m liegt,

Wenn   der Infrarotsensor eine Objekttemperatur um 37° feststellt,

Dann   handelt es sich mit 90%iger Wahrscheinlichkeit um einen Menschen.

Der Programmablauf wird unterbrochen und ein akustisches Signal aktiviert. Entfernt sich daraufhin das Objekt nicht, so wird die logische Kette fortgesetzt:

Wenn   das akustische Signal aktiviert wurde,

Wenn   sich das als Mensch identifizierte Objekt nicht entfernt hat,

Dann   ist das Rad wieder am Ort A abzulegen, das Arbeitsprogramm anzuhalten und Alarm I auszulösen.

Diejenigen, die sich nun immer noch am Wort »Intelligenz« stoßen, werden um Großzügigkeit gebeten. Man sagt ja schließlich auch, »dieses ist ein intelligenter Hund, jenes ein ausgesprochen dämlicher Hund«. Wir wollen es hier mit Alan Turing halten, einem zu frühem Ruhm gekommenen, leider auch früh gestorbenen Pionier der EDV-Entwicklung, der von 1912–1954 lebte. Turing schlug folgendes vor: Wenn ein Mensch mit Hilfe einer Tastatur – etwa einem Fernschreiber – mit einem in einem anderen Raum befindlichen, für ihn unsichtbaren Partner einen Dialog führt und er aus den Antworten des unsichtbaren Partners nicht schließen kann, ob es sich um einen Menschen oder eine Maschine handelt, und es *ist eine Maschine,* dann kann diese Maschine »intelligent« genannt werden. Inzwischen hat sich das weltweit eingebürgert und wir werden es nicht mehr ändern können.

Berühmte Pioniere und Experten auf diesem Gebiet wie Edward Feigenbaum von der Stanford-Universität und der Nobelpreisträger Herbert A. Simon von der Carnegie-Mellon-Universität empfehlen dringend, sich mit der künstlichen Intelligenz zu beschäftigen, die z. Zt. noch keine sehr große Rendite bringt,

24

aber Ende der 80er Jahre ein so mächtiges Entwicklungsinstrument sein wird, daß alle diejenigen »vom Fenster weg sein werden«, die sich nicht genügend hierauf vorbereitet haben: Bis 84 muß jeder namhafte überlebenswillige Industriebetrieb angefangen, bis 86 alle seine Fehler bereits gemacht haben. Marvin Minsky vom M.I.T. (Massachusetts Institute of Technology) prophezeit, daß bereits in den nächsten zwei Jahren die ersten Auswirkungen aus Japan kommen und die Unvorbereiteten »wie eine Tonne Backsteine« treffen werden.

Für den Computer sind in diesem Zusammenhang Programme entstanden, die zumindest auf bestimmten Sektoren das von Menschen durchgeführte Schlußfolgern nachvollziehen können. Dieses geschieht um so besser, je schneller die einzelnen Programmschritte aufeinander folgen oder gleichzeitig auf Mehrfachprozessoren abgewickelt werden können und je größer die Speicherkapazität und damit die Zahl der auf direkten Zugriff zur Verfügung stehenden relevanten Informationen ist. Womit wir wieder bei den Mikroprozessoren gelandet wären. Wir wollen einmal Bilanz machen. Was kommt bei einer Gegenüberstellung heraus: Was können die mit diesen Mikroprozessoren, mit Sensoren und künstlicher Intelligenz ausgestatteten Industrieroboter und was können sie nicht? Was kann demgegenüber der Homo sapiens und was kann er nicht?

2. Kapitel:
Allzu Menschliches und das Judo-Prinzip

Der Industrieroboter der dritten Generation, eine intelligente Maschine, ist das vorläufige Ergebnis einer Anzahl moderner Entwicklungen. In der chronologischen Reihenfolge war das Thema der künstlichen Intelligenz die erste dieser Entwicklungen. Parallel dazu liefen die Arbeiten auf dem Computersektor, wobei insbesondere die Entwicklung der »kaufmännischen« (nicht-wissenschaftlichen) Programmierung eine Rolle spielt. Durch die Einführung der strukturierten Programmierung und der Bootstrapping-Prinzipien läßt sich eine wesentliche Beschleunigung der Entwicklung erreichen. Hierüber sprachen wir im ersten Kapitel. In diesem zweiten Kapitel wollen wir nun versuchen, die Fähigkeiten des Menschen einerseits und des Industrieroboters andererseits gegenüberzustellen. In welchen Bereichen ist uns die Maschine eindeutig überlegen und in welchen anderen Bereichen könnten uns Computer, deren Verhalten durch von Menschen gemachten Programme bestimmt wird, zu Fähigkeiten verhelfen, über die wir ohne eine solche Hilfe nicht verfügen könnten?
Der Mensch ist nie nur einem einzigen Wirkungsfaktor ausgesetzt, sondern immer einer größeren Zahl von Faktoren, die sein Leben, sein Denken und Handeln beeinflussen. Das gleiche gilt für Kollektive. Diese Wirkungsfaktoren sind immer in bestimmter Weise miteinander vernetzt, d. h. sie beeinflussen

sich gegenseitig. Als Beispiel die Situation des Autofahrers: Er bewegt eine große Maschine nach seinem eigenen freien Willen, die, geriete sie außer Kontrolle, aufgrund ihrer Masse erheblichen Schaden anrichten kann. Dank vieler kleiner eingebauter Automaten und Servomechanismen ist ihm die Kontrolle über die Maschine leichtgemacht worden. Dank des Fortschritts der Technik, der ständig weiterverbesserten Werkstoffe und deren Behandlung kann er sich mit großer Sicherheit darauf verlassen, daß alle Untersysteme dieser Maschine zwischen zwei Wartungsintervallen ihre volle Leistungsfähigkeit behalten.

Der Fahrer und sein Auto bilden ein Mensch-Maschine-System. Der Mensch weiß hierbei aufgrund seiner Vorstellungskraft und seiner vorausschauenden Phantasie, daß das Verhalten seines Autos von einer ganzen Reihe von Faktoren abhängt, die er selbst beeinflussen kann. Die Reifen, ihre Bauart, ihr Profil, ihre jeweilige Eignung für die ständig wechselnden Betriebsbedingungen, ihr Luftdruck, der Zustand der Stoßdämpfer, Menge und Art der Schmier- und Treibstoffe, sind Beispiele hierfür.

Wer hat schon das Schleudern einmal allein und dann bei vollbesetztem Wagen geübt? Obwohl eigene Erfahrungen immer das Beste sind, genügt es häufig, die Erfahrungen anderer zur Kenntnis zu nehmen und entsprechende Risiken gar nicht erst einzugehen. Der Mensch hat ein natürliches Gefühl für Risiken. Dieses hängt in weitem Maße vom Selbsterhaltungstrieb ab, der dem Roboter völlig fehlt. In seinem Programm muß daher nicht nur angegeben werden, *was* er tun soll, sondern mit höchster Genauigkeit auch die Bedingungen, unter denen dieses geschehen soll; die Vorsichtsmaßnahmen, die »Inhibitoren«, die ihn sofort anhalten, wenn ein Weitermachen die Umwelt oder ihn selbst beschädigen würde. (Isaac Asimov geht noch einen Schritt weiter: Er postuliert, daß sich der Roboter selbst zerstören muß, wenn er dadurch Unheil von einem Menschen abwenden kann.)

Nun zu den Wirkungsfaktoren im dynamischen Verkehr: Die keinesfalls überall gleichen Verkehrsregeln müssen gelernt werden. Wofür werden Regeln erfunden? Um die Variationsbreite von Tatbeständen auf ein kontrollierbares Maß einzuengen. Für einen Roboter ein leichtes. Während sich der Mensch die Freiheit nimmt, die Verkehrsregeln nach Lust und Laune zu brechen, befolgt der Roboter die Vorschriften wörtlich! Der Mensch kann sich auf das erhöhte Risiko durch das regelwidrige Verhalten einstellen. Er kann sich auch nicht auf das korrekte Verhalten anderer Verkehrsteilnehmer verlassen. Ein Roboter müßte hierzu mit erheblichem Aufwand künstliche Intelligenz einsetzen. In einem nur von Robotern bevölkerten Milieu halten sich alle Beteiligten an die Regeln. Ein solcher Aufwand wäre daher gar nicht nötig. Apartheid scheint hier angezeigt!

Unser Autofahrer wird ferner beeinflußt durch die Art der Streckenführung, den jeweiligen Kurvenradius, den Zustand der Fahrbahnoberfläche. Das Schleuderrisiko steigt, je weiter das Profil der Reifen abgefahren ist. Andererseits: Ein Unwetter, das Regen und nasse Blätter auf die Straße wirft, beeinflußt zwar die Schleudergefahr *aller Automobile* bis hin zum Aquaplaning, jedoch nicht andere Verkehrsteilnehmer wie Schienenfahrzeuge, Fußgänger, Radfahrer usw.

Wir alle leben ständig in derartigen Netzen sich untereinander beeinflussender Wirkungsfaktoren. Wie hat sich der Homo sapiens bisher auf diese Tatsache eingestellt? Überhaupt nicht! Wir denken »monokausal«, d. h. sogar unsere Wissenschaftler spezialisieren sich auf ein jeweils ganz enges Gebiet, was zur Folge hat, daß gerade besonders gesuchte Spezialisten und Fachleute über ein profundes Wissen auf einem *nur sehr kleinen Sektor* verfügen! Sie sind deswegen nicht in der Lage, Sekundäreffekte zu erklären oder auch nur zu erkennen, die über die in der Realität vorhandenen Vernetzungen mit den von ihnen veranlaßten Tätigkeiten auftreten.

Am Verhalten des Autofahrers lassen sich noch zwei Effekte zeigen: Die Reaktionen auf Wirkungsfaktoren wie Straßenführung, Verbote und Gebote auf Verkehrsschildern, das dynamische Verhalten anderer Verkehrsteilnehmer und nicht beeinflußbarer Umweltfaktoren hängen von seinem persönlichen Zustand ab: Er ermüdet, ist ablenkbar, vergeßlich, beeinflußbar durch Drogen wie Medikamente, Alkohol, Nikotin, durch körperliche Vorgänge wie Hunger, Durst etc. Seine Leistungen als verantwortliches Steuerorgan sind sehr starken Schwankungen unterworfen. Der Roboter ist hiervon völlig unabhängig. Er kann so konstruiert und programmiert werden, daß seine Leistungsfähigkeit bei Teilausfall von Komponenten stufenweise zurückgenommen wird. Im allgemeinen aber funktioniert er hundertprozentig oder überhaupt nicht. Technisch gesehen wäre ein Verkehrsleit-Roboter heute in der Lage, unter Berücksichtigung der individuellen Wünsche der Verkehrsteilnehmer die Steuerfunktion für jedes individuelle Verkehrsmittel weitestgehend zu übernehmen. Natürlich ist das eine Kostenfrage. Erinnern wir uns jedoch daran, daß überall an Verkehrsleitsystemen gearbeitet wird und daß der Einsatz immer besserer Werkzeuge, die wiederum selbst weiterverbesserte Werkzeuge erzeugen, eine Realisierung schneller herbeiführen kann als heute gewohnt.

Oder haben wir den Luftverkehr vergessen? Hier geschieht die totale Überwachung und Steuerung, wenn auch bisher nur in bestimmten Höhenschichten.

Nun der tröstliche Teil: Der Autofahrer hat die Möglichkeit, auf Dinge zu reagieren, »die eigentlich gar nicht wahr sein dürfen«; alter Mann bindet mitten auf der Fahrbahn seinen aufgegangenen Schnürsenkel zu, ein vorausfahrender LKW verliert Teile der Ladung, Pferd läuft auf Autobahn, Geisterfahrer, Flugzeug stürzt auf Fahrbahn, Brücke bricht ein, Erdrutsch blockiert Straße oder auch »nur«: Wespe sticht an empfindliche Stelle, Fahrer »erblindet« durch Steinschlag gegen Windschutzscheibe, neuer Reifen platzt. In der Reaktion auf derartige unvorhergesehene Ereignisse, die in unendlicher Vielfalt auftreten können, wäre ein Roboter vollkommen hilflos. Der Mensch hat hier immer noch eine Chance durch den Einsatz seiner *kreativen Phantasie:* Da derartige Situationen auch für ihn völlig neu sind, muß er etwas »erfinden«, was doch noch geschehen kann, um den Schaden möglichst gering zu halten oder im günstigsten Fall ganz zu vermeiden.

30

Wie steht es überhaupt um die Dynamik in der geistigen Kapazität des Homo sapiens? Der Mensch kann sich zwar durch langes Üben so konditionieren, daß aufgrund optischer und akustischer Reize eine gewisse, recht beschränkte Anzahl voneinander unabhängiger, nur über das Unterbewußtsein kontrollierte Einzelbewegungen der Gliedmaßen stattfinden kann. Beim Autofahren ist dieses das teilweise gleichzeitige Bedienen von Lenkung, Gashebel, Bremse, Schaltung und gewisser absichtserklärender Signale wie Licht, Hupe, Blinker.

Oder beim Orgelspielen: Register- und Tastenführung auf mehreren Manualen bei polyphonen unabhängigen Melodien, bei gleichzeitigem Betätigen der Bässe mit den Füßen: Optische Reize, die Zeichen auf der Partitur setzen sich sofort und unbewußt in entsprechende Bewegungen der Gliedmaßen und Finger um. Oft kann dabei noch ein unabhängiges Gespräch geführt werden.

Dieses sind jedoch immer langsam aufgebaute, eingelernte, im Prinzip und in der Kombination gleichbleibende Umsetzungen irgendwelcher, meist optischer Sinnesstimulanzien. Manchmal, etwa bei auswendig spielenden Instrumentalsolisten, genügt es bereits, sich die Stimulatoren geistig vorzustellen. Um etwas ganz anderes handelt es sich aber beim Analysieren komplizierter Vorgänge, beim deduktiven Untersuchen oder beim Erfinden neuartiger dynamischer Systeme, bei denen *gleichzeitig mehrere Vorgänge* nebeneinander ablaufen und sich womöglich gegenseitig beeinflussen. Hierbei ist der Mensch nicht in der Lage, mehr als *einen* Vorgang in seinem dynamischen

Ablauf (in Wechselwirkung mit anderen gleichzeitig stattfindenden Abläufen) zu verfolgen.

Wie störend sich diese Tatsache bereits bei scheinbar einfachen Problemen wie beim Herstellen genauer Arbeitsanweisungen für arbeitsteilig durchgeführte Projekte auswirkt, zeigt folgendes Beispiel.

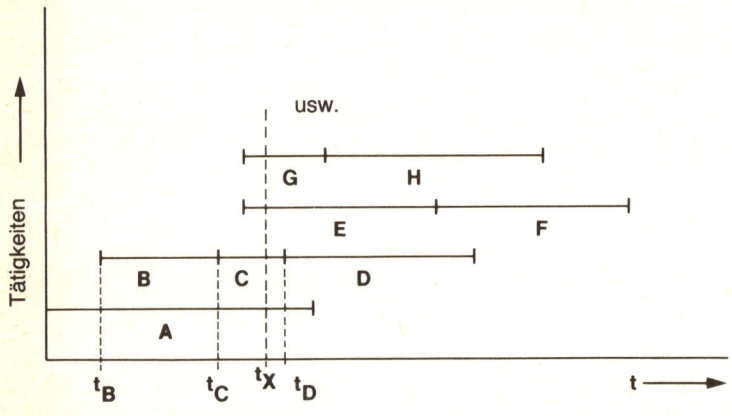

Abb. 2.1

In der Abbildung 2.1 sind auf der Abszisse die Zeit, auf der Ordinate die mit Großbuchstaben gekennzeichneten einzelnen Arbeitsgänge symbolisch dargestellt. Wie man sieht, überlappen sich hierbei einzelne Arbeitsgänge: Sie laufen »simultan« ab. Zum Zeitpunkt t_X sind es die vier Arbeitsgänge A, C, E und G. Üblicherweise fängt man nun mit der Schilderung des ersten Arbeitsganges (A) an und beschreibt diesen Schritt für Schritt in seinem chronologischen Ablauf, bis der Arbeitsgang beendet ist. Hierbei kann man erwähnen, daß zum Zeitpunkt t_B die Tätigkeit B und zum Zeitpunkt t_C die Tätigkeit C beginnt. Was man aber nicht kann, ist die gleichzeitige Schilderung von A und B ab dem Zeitpunkt t_B. In Wirklichkeit ist es

32

aber so, daß die fortschreitenden Arbeitsergebnisse von A die Arbeiten bei B beeinflussen und die wachsenden Erkenntnisse im Laufe der Erledigung der Arbeit B auf A wieder rückkoppeln und hier die weiteren Arbeiten wiederum beeinflussen können. Zum Zeitpunkt t_X überlappen sich bereits vier Tätigkeiten und beeinflussen sich gegenseitig.

In der Realität mußte deswegen das zeit- und kostensparende Überlappen von Tätigkeiten auf solche Arbeiten beschränkt bleiben, die sich mit größter Wahrscheinlichkeit nicht gegenseitig beeinflussen, wie z. B. die Arbeiten am Fundament und das Bereitstellen von Installationsmaterial. Das Aneinanderreihen anstelle des Überlappens der Arbeitsgänge bringt zeitliche Nachteile: B beginnt erst, wenn A abgeschlossen ist. Die Gesamtbauzeit nimmt erheblich zu. Die Umweltbedingungen können sich inzwischen ebenso ändern wie der Stand der Technologie. Die Aneinanderreihung leistet dem monokausalen Denken Vorschub. Die Tätigkeit B kann Erkenntnisse liefern, die die abgeschlossenen Arbeiten von A in einigen Punkten überholungsbedürftig machen: Eine Fundamentdrainage kann erforderlich werden. Durchbrüche durch armierten Beton zum Anschluß von externen Versorgungsleitungen können sich als notwendig herausstellen. Dinge, die nicht notwendig gewesen wären, wenn diese Erkenntnisse aus B bereits vor dem Abschluß von A bekannt geworden wären. Das Ergebnis kann jeder beliebigen Tageszeitung entnommen werden. Es gibt kaum ein größeres Projekt, das nicht viel länger als geplant zu seiner Fertigstellung benötigt, das nicht viel teurer als ursprünglich geplant wurde oder seinen Zweck nicht so erfüllt, wie man es sich vorgestellt hatte.

Ferner zeigte es sich, daß die Kapazität des menschlichen Kurzzeitgedächtnisses recht klein ist gegenüber der Aufgabe, mit immer mehr Wirkungsfaktoren fertigwerden zu müssen: Bei einer Diskussion über eine kurzfristig zu beschließende Tätigkeit steht nur eine beschränkte Anzahl von Wissensbestandteilen unmittelbar zur Verfügung. Der Zugriff zum ungeheuer großen Langzeitgedächtnis, dem Unterbewußtsein, ist nur sehr langsam, zeitweise gar nicht möglich. Der Leser wird selbst die Erfahrung gemacht haben, daß es oft einer bestimmten optischen Wahrnehmung, einer verwandten Situation oder eines bestimmten Geruches bedarf, um ganze Komplexe, Erfahrungsprozesse aus dem Unterbewußtsein wieder nutzbar bewußt zu machen. Auch wird das Bearbeiten sehr großer gleichartiger Datenmengen schnell als monoton und damit ermüdend empfunden, so daß die Genauigkeit nachläßt. Die lebensnotwendige Funktion des Vergessenkönnens, des Ausfilterns von Irrelevantem, Nebensächlichem und Unbrauchbarem aus der Fülle der ständig auf den Menschen einstürmenden Informationen arbeitet auch nicht ganz präzise: Die Folge ist, daß eine komplizierte Serie einzelner Arbeitsgänge, um ein bestimmtes Ziel zu erreichen, etwa nach einer mehrwöchigen Unterbrechung, nicht exakt genau wie beim ersten Mal wiederholt werden kann, da Einzelheiten inzwischen vergessen, fortgelassen oder durch gleichwertige Alternativtätigkeiten gelöst werden. Alle diese Schwierigkeiten kann der Mensch aber nun durch den heutigen Stand der Computer- und

Verfahrenstechnologie bewältigen, wenn er den Computer für sich arbeiten läßt. Eibl-Eibesfeldt (Dr. phil., Professor der Zoologie, Mitarbeiter am Max-Planck-Institut für Verhaltensforschung, Leiter der Forschungsstelle Humanethologie und Lehrstuhlinhaber an der Universität München) spricht hier von einer »Organerweiterung« durch die Symbiose Mensch/Computer.

Der Geistesarbeiter ist hier mit dem Judokämpfer vergleichbar. Er kennt die menschliche Überlegenheit über den Computer auf allen Gebieten, auf denen Kreativität, Erfindungsgeist, Gefühl und Instinkt eine Rolle spielen. Wie ein Judokämpfer den Schwung und die Masse des angreifenden Gegners durch geschicktes Ansetzen einer nicht allzu großen Zahl von Griffen gegen ihn selbst kehrt, macht sich der Geistesarbeiter die »brutale Rechen- und Speicherkraft« des Computers als der Kleinere, aber Entscheidendes mehr Wissende untertan. Der Computer ist damit zum gezähmten Symbionten des Entwicklers geworden, der – vorausgesetzt, er kennt die richtigen Verfahren und Programme – nun plötzlich in der Lage ist, simultane Vorgänge zu beherrschen, sie sogar visualisieren und mit anderen diskutieren zu können, beliebige Informationsmengen auf beliebige Zeit in direktem Zugriff zu halten und beliebig komplizierte Vorgänge beliebig häufig auf exakt die gleiche Weise zu wiederholen.

Ist das Judoprinzip auch auf den Verwandten des Computers anzuwenden, den Roboter? Vergleichen wir hierzu einmal die Vorteile von Mensch einerseits und Roboter andererseits in einer Fertigungswerkstatt:

Was wir als Mensch in einer Werkstatt leisten können, wissen wir. Unsere Wirksamkeit ist das Produkt aus individuellen Fähigkeiten, Motivation und Anreiz. Wir müssen nicht programmiert werden, sind ungeheuer vielseitig, wissen uns und anderen bei Unregelmäßigkeiten, Unfällen und dem plötzlichen Auftreten neuartiger Wirkungsfaktoren zu helfen. Üben wir überdies Tätigkeiten aus, die sich nicht wiederholen, so sind wir durch Roboter nicht zu ersetzen. Allerdings können wir nur unter ganz engen physikalischen und physiologischen Bedingungen existieren. Die Ausbildung ist u. U. teuer und langwierig. Wir können nur wenige Stunden arbeiten, ermüden schnell, werden gelegentlich krank. Wir können keine schweren Objekte und keine gefährlichen Chemikalien hantieren. Bei monotonen Aufgaben sind wir unzufrieden. Wir benötigen eine psychologisch richtige Ansprache und eine außerordentlich teure Infrastruktur.

Was sind nun die Vorzüge der Roboter? Er benötigt für jede seiner Tätigkeiten ein Programm, dessen Herstellung billiger ist als die Ausbildung eines Menschen. Er benötigt weder Motivation noch Anreiz, sondern begnügt sich mit der Zufuhr von Energie. Er arbeitet und reagiert sehr viel schneller. Im Rahmen dessen was er kann, ist er sehr viel zuverlässiger. Er arbeitet unter sehr extremen Bedingungen: Temperaturen von $-273°$ bis $+300°$. Der Roboter benötigt keinen Sauerstoff und könnte in Atmosphären von Ammoniak, Methan, Chlor, Stickstoff etc. arbeiten. Er ist unempfindlich gegen Strahlung. Er hantiert schwere Gewichte, auch bei großer Reichweite. Er kann mit mehr als zwei Armen ausgestattet werden und diese koordiniert benutzen. Seine »Sinnesorgane« müssen nicht an seinem Körper angebracht sein: Zusätzliche »Augen« könnten aus hoher Position seinen ganzen Arbeitsbereich überblicken. Er benötigt keine Infrastruktur: kein Betriebsrestaurant, keine Sanitärräume, keinen Betriebsarzt, keine Aufenthaltsräume. Er kennt keine Vereinsamung, keine Langeweile. Er protestiert nicht gegen monotone Arbeiten. Er arbeitet 24 Stunden am Tag, Samstag und Sonntag. Er kennt keine Ferien. Er ermöglicht unmittelbaren Wechsel von kleinen Fertigungslosen zu Massenproduktion und damit eine sonst nicht zu erreichende Diversifikation der Produkte. Das bedeutet eine sehr viel bessere Befriedigung der Kundenwünsche: Vom Fließband, gegen das er nichts einzuwenden hat, kommt nun kein graues Einerlei mehr, sondern eine Vielzahl ganz individueller Produkte. Er nutzt die betrieblichen Investitionen nahezu hundertprozentig aus und hat sich in zwei Jahren amortisiert. Von da ab »verdient« er nur noch …

Bevor aus diesen Tatsachen Schlußfolgerungen gezogen werden, sollen eine extreme werkstattbezogene und realisierte Leistung des Menschen und eine noch nicht realisierte extreme Möglichkeit des Roboters gezeigt werden: Daß ein »intelligenter« Industrieroboter mindestens sechs Freiheitsgrade – der Fachmann sagt auch sechs »Achsen« – beherrscht, ist bekannt. Der Laie denkt meist nur an drei Achsen: Die X-, Y- und Z-Achse des dreidimensionalen Raumes. Wir wollen uns jetzt vorstellen, daß wir ein Werkstück in der Hand halten, das sich im dreidimensionalen Raum frei bewegen kann. Während dieser Bewegung kann die Hand das Werkstück drehen sowie um die Längs- und Querachse kippen: So kommen die sechs Achsen zustande. Jedes Flugzeug bewegt sich in der Luft um diese sechs Achsen. Da der Mensch sein Flugzeug, seinen Segler, seinen Drachen oder vielleicht am deutlichsten seinen Hubschrauber auch ohne Instrumentenhilfe in der Luft bewegen kann, beweist er, daß er sechs Achsen noch steuern kann. Aber …

Die Flugbahn ist nicht auf den Zehntelmillimeter vorgeschrieben. Nur bei Start und Landung kommt es auf größere Präzision an, wobei die Toleranzbreite immerhin einige Meter beträgt. Beim Werkstattproblem hingegen wäre etwa beim Fräsen einer in ihren Dimensionen genau festgelegten sattelförmigen Fläche nicht nur die erste »Flugbahn« auf den Zehntelmillimeter genau einzuhalten, sondern einige hundertmal die nächste Flugbahn um ein Zehntelmillimeter genau an die erste anzuschließen. Fazit: Der Mensch kann durchaus prinzipiell eine Tätigkeit wie das Fliegen beherrschen. In der Fertigungstechnik hat er jedoch überall dort, wo es auf höchste Präzision, beliebig häufige Wiederholbarkeit und absolut gleichbleibende Zuverlässigkeit ankommt, gegenüber dem intelligenten Roboter *keinerlei Chance*.

Nun zu der Extremleistung eines Roboters, die gleichzeitig die Grenze zwischen den Möglichkeiten des Menschen einerseits und des Roboters andererseits verdeutlicht. Wir wissen, auf welche Weise Programme arbeiten, die sich selbst verbessern. Das waren Computerprogramme, Software, die sich selbst verbessert. Das »materielle«, die Hardware, auf der die Software abläuft, kann das im Prinzip auch: Das wäre der intelligente Industrieroboter, der sich selbst technisch laufend verbessert. Als Hintergrundinformation hat er hierzu die Konstruktions- und Fertigungsregeln, die er ohnehin für die Verrichtung seiner Arbeit braucht. Ein VW-Käfer also, der sich selbst auf der Basis eines einmal gewählten Grundprinzips laufend verbessert, wie dieses über 30 Jahre durch Menschen am Käfer geschehen ist. Das ist nicht nur denkbar, sondern es wird mit Sicherheit eintreffen, etwa bei Forschungsrobotern auf Himmelskörpern mit menschenfeindlichen Oberflächenbedingungen. Der VW-Käfer würde sich selbsttätig *in alle Ewigkeit* nach dem gleichen Grundprinzip weiterverbessern. Auf die Idee, dieses Prinzip durch das moderne technische Konzept des Golf abzulösen, käme er nie.

Die Berücksichtigung neuer Erkenntnisse, wie hier z. B. Sicherheitsfragen, neue Materialien, geänderte Ansprüche, die zu prinzipiell neuen Lösungen führen, ist Sache des Menschen und wird immer Sache des Menschen bleiben. Im allgemeinen tritt so ein Wechsel dann ein, wenn eine neue Technologie herangereift ist. Dieses fand bisher etwa alle fünf Jahre statt. Daher sind die Betriebe der Sekundärindustrie auch mit Recht stolz, wenn sie verkünden, daß mindestens 50 % ihrer Produkte jünger als fünf Jahre sind. Fachleute nehmen übrigens an, daß sich die Lebensdauer einer Technologie wegen des Einsatzes der künstlichen Intelligenz und der Bootstrapping-Verfahren bald auf etwa drei Jahre verkürzen wird.

Was kommt unter dem Strich heraus? Der Mensch ist dem intelligenten Industrieroboter überall dort rettungslos unterlegen, wo es sich um voraussehbare Arbeiten handelt, die mit größter Präzision in einer bestimmten Technologie über lange Zeiträume hinweg zuverlässig ausgeführt werden müssen. Der Industrieroboter ist dort überlegen, wo die auszuführenden Arbeiten für den Menschen zu schwer sind und ihn physisch oder psychisch belasten würden. Er ist dort überlegen, wo mit mehr als sechs Achsen gearbeitet wird. Erst der Roboter führt zu einer Fertigungsökonomie, die es möglich macht, dem Verbraucher sehr diversifizierte Wünsche zu erfüllen.

Homo sapiens bleibt jedoch in entscheidenden Dingen der Überlegene: Überall dort, wo es sich *nicht um generell im Detail beschreibbare Tätigkeiten* handelt, überall dort, wo Phantasie und Erfindungsgeist, wo fortschrittliches Planen und Improvisieren, wo Reagieren auf Unvorhergesehenes und Unvorhersehbares gefordert ist, überall dort, wo es sich um die Zukunftswünsche von Konsumenten, sowohl aus dem Dienstleistungsbereich, dem »tertiären Bereich«, aber vor allem auch aus dem Primärbereich handelt, ist der Mensch als Planer, als Strategiemacher, als Hersteller von Modellen, als Überwacher und Disponent gefordert. In diesen Berufen werden weit mehr Leute gebraucht, als in den nächsten Jahrzehnten durch fortschreitende Einführung der Industrieroboter ersetzt werden können. Wir werden zeigen, daß jeder Normalbegabte, gleich welchen Alters, hierzu in der Lage sein wird. Nicht weiterbildungsfähige Hilfskräfte werden auch für die neuen in diesem Zusammenhang entstehenden Berufe in großer Zahl benötigt. Was soll es daher für einen Sinn haben, Arbeitnehmern und Arbeitgebern die harte Wahrheit zu verschweigen?

Die Industrieroboter sind hier, um hier zu bleiben. Ihr Einsatz wird auf weitere Arbeitsgebiete ausgedehnt werden. Die durch den Industrieroboter für den Menschen verlorengegangenen Arbeitsplätze werden nie wieder zur Verfügung stehen. Ein Roboter wird im Sekundärbereich 10 bis 20 menschliche Arbeitskräfte ersetzen. Er wird durch die bis jetzt mit ihm gemachten Erfahrungen an vielen anderen Stellen weitere Tätigkeiten überflüssig machen: So entwikkeln die Japaner (die ihr Werftenproblem unter sich auf eine Weise gelöst haben, wie es ohne weiteres auch in der Bundesrepublik möglich wäre) bereits »intelligente« Schiffe der 3. Generation, die nicht mehr 20–12 Mann Besatzung benötigen, sondern nur noch acht. Allen bekannt ist die Cockpit-Revolution: In modernen Flugzeugen wird der Flugingenieur durch einen Roboter ersetzt. So sind es dort fünf Mann, hier einer und in der Summe viele. Wieviele?

3. Kapitel:
Wünsche und Wahrheiten,
Irrungen und Impulse

Nachdem wir im zweiten Kapitel die Fronten abgesteckt und unsere Standpunkte bezogen haben, wollen wir im dritten Kapitel eine Reihe von Fachleuten aus unterschiedlichen Sachgebieten zur derzeitigen Situation Stellung nehmen lassen. Wir wollen einige Irrtümer aufklären und auf eine Reihe von Ansätzen, von Gruppen und von bereits eingeleiteten Maßnahmen hinweisen, die in unmittelbarer Zukunft eine große Rolle spielen werden.

Vor nicht allzu vielen Jahren war es in der Bundesrepublik auch bei großen und sehr großen Unternehmen üblich, extreme Kundenwünsche individuell zu befriedigen: Suchte ein reiches Scheichtum in den USA nach der modernsten und fortschrittlichsten Telefonapparatur, war man dort lieferbereit, bis herauskam, daß der Emir einen Telefonapparat wünschte, der nicht einen Wecker ertönen ließ, sondern eine Kanone abschoß, damit er es bei seinen morgendlichen Ausritten noch in fünf Kilometer Entfernung hören konnte. Die Standardantwort war: »Go to Germany, die machen sowas.« Und wir haben sowas gemacht. Wir hielten das sogar für unsere Stärke! Daß dadurch 30 % der Lagerbestände in Serien unter 10 Stück hergestellt wurden, wurde damals nicht als kritisch betrachtet und war teilweise nicht einmal bekannt!

Aber auch der Anteil derjenigen Produkte, die in Stückzahlen über 1000 gefertigt wurden, lag nur in einer ähn-

lichen Größenordnung. Aus Gründen der Fertigungsökonomie wurde versucht, diesen Sektor auszudeh-
nen, weil Löhne, Sozialkosten und Bedürfnisse an die
Infrastruktur überproportional zu steigen begannen.
So war bis in die 70er Jahre die *Automation der Massenproduktion* das Hauptziel der Fertigungstechnik.
Als erster großer Realisierer des Fließbandes gilt Henry Ford. Er sah im Automobil nicht einen Luxus-,
sondern einen Gebrauchsgegenstand, den er billig
herstellen wollte. So wurde denn das Ford-Modell T,
die berühmte »Tin Lizzy«, das erste in Massenproduktion hergestellte Automobil, das in der Stückzahl
erst vom VW-Käfer übertroffen wurde. Berühmt geworden ist Henry Fords Ausspruch »der Kunde kann
jede Farbe haben, vorausgesetzt sie ist schwarz!«
Erst die amerikanische Luftwaffe war es, die Ende der
50er Jahre eine Automation der Herstellung auch
kleinster Serien verlangte: Das geschah nicht aus
Gründen der Fertigungsökonomie, sondern zum
Zwecke der Geheimhaltung: Nachdem die bestellte
Anzahl etwa eines bestimmten Flugzeugtyps hergestellt war, mußten zur Wahrung militärischer Ge-
heimnisse alle Fertigungsanlagen vernichtet, alle Fer-
tigungsvorrichtungen zerstört werden. Allzu häufig
entstand dann später doch noch ein zusätzlicher Bedarf einer kleinen Anzahl.
Hierfür wurden von mehreren US-amerikanischen
Werkzeugmaschinenfabriken gemeinsam mit General
Electric zu Beginn der 60er Jahre die »NC-Maschinen« entwickelt. NC steht für »Numerical Control«,
auf Deutsch »numerisch gesteuert«, d. h. programm-
gesteuert im Gegensatz zur Steuerung durch den

Menschen. Mit der Übersetzung des Wortes »control« aus dem Englischen müssen wir übrigens aufpassen: Der englische Wortschatz ist fast doppelt so groß wie derjenige der deutschen Sprache. Für die im Deutschen säuberlich getrennten Begriffe »Steuern, Regeln, Kontrollieren und Beherrschen« gibt es jedoch im Englischen merkwürdigerweise nur das eine Wort »control«. Nach der deutschen Definition haben wir es also hier bereits mit der ersten Generation der Industrieroboter zu tun, da diese Maschinen für jede beliebige Tätigkeit auf dem Gebiet der spanabhebenden Fertigung (Bohren, Drehen, Fräsen, Hobeln) in sechs Achsen programmierbar sind. Diese Maschinen, die heute noch häufig eingesetzt werden, sind groß, bis zu 3 m hoch, sehen sehr martialisch aus und verfügen über ein Werkzeugwechselmagazin in der Größenordnung von bis zu 20 unterschiedlichen Werkzeugen. Die US-Luftwaffe vergab Aufträge nur noch an solche Hersteller, die über derartige Maschinen verfügten, erzwang also damit ihre schnelle Einführung. Spezialwerkzeuge, Fertigungsunterlagen etc. gab es nicht, sondern nur das entsprechende Programm auf Lochstreifen oder Magnetband, das vom Auftraggeber Luftwaffe nach Erledigung der Arbeiten in sicheren Gewahrsam genommen wurde und zu jeder Zeit für eine Nachfertigung wieder aktiviert werden konnte. Der Aufwand für die Ausstattung mit derartigen Maschinen konnte über den Preis für die bestellten Geräte wieder eingespielt werden.

Nachdem diese Maschinen serienmäßig hergestellt wurden, benutzte sie auch die freie Wirtschaft aus fertigungsökonomischen Gründen zur Automation kleiner Serien. Es war insbesondere die Firma Kearney & Trecker in Milwaukee, die als Hersteller derartiger Maschinen in den 60er Jahren große Erfahrungen mit diesen ersten Industrierobotern erwerben konnte. Die Maschinen hießen ›Milwaukematic‹ und kosteten zwischen einer und drei Millionen Mark. Gesteuert wurden sie durch einen u. a. von General Electric hergestellten Computer, der einen »Interpolator« enthielt. Dieser war in der Lage, beliebige gekrümmte Flächen durch Lineninkremente zu ersetzen, die die »Flug«-Bahnen für den Spezialfräser darstellten. Lineninkremente entstehen z. B. beim Schneiden der Fingernägel mit einer Schere: Der gewünschte Kreisbogen wird durch eine möglichst große Vielzahl kleinster gerader Stücke erzeugt.

Im nächsten Schritt wurde hieraus der Roboter der zweiten Generation entwickelt: Seine Werkzeuge wurden nicht nur gesteuert, sondern »geregelt«: Er war bereits mit Rückkopplung ausgestattet. Ein typischer Regler ist der von der Zentralheizung bekannte Thermostat: Er steuert die Temperatur des Kessels auf einen bestimmten Sollwert, kontrolliert, ob dieser Sollwert erreicht ist, meldet diese Tatsache an seine Steuerorgane zurück, steuert die Temperatur wieder herunter, bis der Sollwert unterschritten ist und steuert die Temperatur dann wieder hoch. Dieses tut er in ununterbrochenem Wechsel, arbeitet also auch in »Inkrementen«. Der Sollwert wird von »außen« festgelegt. Bei der Heizung mag er 20°C betragen. Er ist seinerseits veränderlich: Er kann die Regelgröße eines anderen Regelkreises sein. Der Mensch, selbst Teil eines Regelkreises mag diese Größe in Abhängigkeit von der Luftfeuchtigkeit, der Außentemperatur, der Tageszeit etc. gewählt haben. Ebenso wie die Sollgröße »20°C« in den einzelnen Räumen, beispielsweise durch Sonneneinstrahlung beeinflußt werden kann und die individuelle Raumtemperatur durch Heizkörperthermostaten als Sub-Regelkreis auf der gewünschten Größe gehalten wird. Es ist wichtig, zu wissen, daß es überhaupt keine »alleinstehenden« Regelkreise gibt! Es sind *immer* zu Systemen in *Netzen* zusammengeschlossene Regelkreise, deren Sollwerte sich gegenseitig beeinflussen.

Industrieroboter, die in ihr Arbeitsprogramm rückkoppelndes Regeln miteinbeziehen können, gehören der zweiten Generation an. Die dritte Generation, Hauptthema unserer Darlegungen, ist zusätzlich mit künstlicher Intelligenz ausgestattet.

In der Bundesrepublik wurden die NC-Maschinen zunächst von Industrie und Maschinenbauern ignoriert. Kein deutscher Hersteller befaßte sich mit numerischer Steuerung. Auch anwenderseitig wurde zunächst kein Bedarf gesehen: In einem sehr großen deutschen Industriebetrieb mit sehr unterschiedlicher Fertigung wurde sowohl von den Fabrikherren als auch vom Forschungsleiter die Notwendigkeit derartiger Maschinen bestritten. Eine Untersuchung des gesamten Fertigungsspektrums ergab dann auch, daß von den damals etwa 100 000 Teilen nur zwei (!) auf derartigen Maschinen hergestellt werden konnten.

Die Aussage stimmte sogar! Der alte Spruch, es gäbe die Notlüge, die gemeine Lüge und die Statistik ist insofern korrekturbedürftig, als die Statistik eben nicht lügt, sondern durch unbedarfte oder andererseits auch in bewußter Vernebelungsabsicht falsch gestellte Themen- oder Fragestellung, insbesondere dem nichtfachmännischen Gesprächspartner gegenüber, praktisch alles was man will, »beweisen« kann. So war auch im geschilderten Fall die Fragestellung falsch: Sie hätte nicht lauten dürfen »wieviele Teile des vorhandenen Spektrums könnten auf NC-Maschinen hergestellt werden?«, sondern »wieviele Teile des vorhandenen Spektrums *würden auf NC-Maschinen hergestellt werden,* wenn die Konstrukteure gewußt hätten, daß sie diese Fertigungstechnologie einsetzen können?«.

In weiser Voraussicht setzten daher damals einige Herren des Vorstandes trotzdem durch, daß eine derartige NC-Maschine aus den USA gekauft und in einem Studienzentrum betrieben wurde. Das Unternehmen verwendet heute zahlreiche NC-Maschinen, stellt selbst Rechner und Interpolatoren her und die deutsche Werkzeugmaschinenindustrie bietet hervorragende NC-Produkte an.

Das Beispiel zeigt auch, daß es der oft gerühmten Kreativität der Deutschen im Notfall durch eine gewaltige Anstrengung doch noch gelingen kann, den Anschluß auf Gebieten herzustellen, deren Bedeutung anfangs verschlafen, häufig auch noch durch eine unglaubliche Arroganz monokausal denkender Spezialisten ignoriert oder gar lächerlich gemacht worden war. Heute wird mit fortschreitender Zeit die Lage nur dadurch bedrohlicher, daß die Wirkungen des Bootstrapping-Prinzips den Alterungsprozeß vorhandener Technologien und damit auch des vorhandenen Spezialwissens immer mehr beschleunigen.

John Naisbitt, renommierter US-Zukunftsanalytiker, spricht in seinem 1982 erschienenen, sehr lesenswerten Buch »Megatrends« von der notwendigen Wandlung vom Spezialisten, der bald obsolet ist, zum Generalisten, der sich anpassen kann.

Es heißt auch die Statistik strapazieren, wenn aus Industriekreisen z. B. verlautet, daß die von Japan ausgehende Bedrohung überschätzt wird: Bei elektronischen Bauelementen sei Japans Anteil etwa 7%. Nun sind die klassischen »diskreten« Bauelemente wie einzelne Kondensatoren, Widerstände, Dioden und Transistoren, die noch mit bloßem Auge gesehen, angefaßt und eingelötet werden können, *auch* elektronische Bauelemente, die immer noch in großen Mengen hergestellt werden. Interessant und bedrohlich ist jedoch nur der Anteil an der neuesten Technologie, der hochintegrierten Schaltkreise, eben jener Mikroprozessoren und Speicherbausteine höchster Kapazität. Auf diesem Gebiet ist *Japan mit über 70% einsamer Marktführer* in der ganzen Welt, wie die »Wirtschaftswoche« Nr. 32 vom 5.8.83 mitteilt. Nach der gleichen Quelle bestreitet Japan bereits 50% des Weltcomputermarktes, wobei die lawinenartig anwachsenden Stückzahlen der Personal Computer natürlich mitgerechnet sind! In den USA, in England, Frankreich und anderen europäischen Ländern wird diese Bedrohung jedenfalls äußerst ernst genommen. Wie die »Wirtschaftswoche« weiter meldet, hat »Japan zwischen 1950 und 1980 rund 30000 Lizenzen für schätzungsweise 10 Milliarden Dollar eingekauft«! Die USA versuchen jedenfalls z. Zt. mit äußerster Anstrengung Japans Vorsprung wieder aufzuholen.

Wie sehr sich auch hochgeschätzte Spezialisten wie Gerhard Goos, Informatikprofessor an der Karlsruher Universität, irren können, zeigte sich vor noch nicht einmal drei Jahren als er erklärte, die künstliche Intelligenz sei an dieser Universität »kein Thema«, solange er hier etwas zu sagen hätte. – Vom 8.–12. August 1983 fand in Karlsruhe die 8. IJCAI (International Joint Conference on Artificial Intelligence) statt. – Wieder ein Beispiel dafür, daß ein noch so hervorragender Spezialist nicht in der Lage ist, *genügend fundierte Aussagen auf anderem als seinem ureigensten Gebiet* zu machen. Dieses bleibt dem in ganzheitlicher Betrachtungsweise erfahrenen, in offenen Netzen denkenden kleinen Kreis der jeweils praktisch erprobenden Entwickler mit regem Erfahrungsaustausch vorbehalten.

Daß ohne aktualisierte Übersicht über die Gesamtsituation falsche Schlußfolgerungen möglich sind, zeigt die in »Absatzwirtschaft« 10 im Jahr 82 veröffentlichte Aussage des IPA-Forschers Dr. Rolf F. Schraft. Er erwartet – mit dieser Ansicht steht er keinesfalls allein da – bald eine Saturierung des Marktes mit Punktschweißrobotern, insbesondere der automobilherstellenden Industrie und damit ein Abflauen der Absatzmöglichkeiten. Hier wird nicht daran gedacht, daß die Tage des Punktschweißens gezählt sind! Die neue Technologie heißt »*Kleben*«. In der Luft- und Raumfahrt hat sich diese Technologie bewährt. Ihre Einführung auf breiter Basis in die Kraftfahrzeugindustrie steht bevor. Dem Kleberoboter gehört deswegen die Zukunft. Er wird die Punktschweißroboter ablösen. Er wird ganz neue Konstruktionen, insbesondere mit dem immer breiter werdenden Einsatz von Plastikmaterial anstelle von Stahl ermöglichen. Schwedens roboterherstellender Elektrogigant ASEA ist der z. Zt. einzige, der darauf hinweist, daß er klebende Roboter entwickelt.

Von diesem Land ist überhaupt einiges zu erwarten: Nicht nur ist Schweden das Land mit der größten Roboterdichte: Nicht nur fallen hier auf die Million Einwohner dreimal soviel Industrieroboter wie in Japan, siebenmal soviel wie in der Bundesrepublik und gar zehnmal soviel wie in den USA. ASEA hat Kooperationsverträge mit Unimation in USA und Kawasaki in Japan. In Schweden mit seinen zahlreichen sozialisierten Einrichtungen wird der Industrieroboter im wesentlichen unter dem Stichwort »Humanisierung der Arbeitswelt« gesehen. Auf diesem Gebiet leistete Schweden ja bereits einmal Pionierdienste, als bei VOLVO die »autonomen Arbeitsgruppen« eingeführt wurden.

ASEA richtet übrigens zusammen mit der Roboter herstellenden Fujitsu-Tochter FANUC und der General Motors deren Werk für die Fertigung von Robotern in Troy/Michigan ein. In diesem Werk, das mindestens 1000 Industrieroboter pro Jahr herstellen will, sind *nur 50 Personen* beschäftigt: Selbstverständlich werden Roboter von Robotern hergestellt! Auch das Programmieren der Roboter wird nicht viel Personal beanspruchen: Ergänzt durch Anweisungen in natürlicher Sprache gewinnt das »teach in« wieder an Bedeutung: Dem Roboter wird zum Einlernen seiner Tätigkeit sozusagen »die Hand geführt«, während dasjenige, was der Roboter taktil, optisch und akustisch berücksichtigen soll, ihm über Bildschirme symbolisch mitgeteilt wird.

Die Unkenntnis der jeweiligen Strategie kann zu Fehlschlüssen führen, wie folgende zwei Beispiele zeigen: Mit einer gewissen Häme wird festgestellt, daß die Japaner vor einem ernsten Problem stehen: Der starke Überhang der Alten, die nun demnächst aus dem Arbeitsleben ausscheiden. Dieses müsse sehr ernsthafte Sorgen bereiten, zumal ja außerdem die Arbeitslosigkeit auch in Japan grassiere: Im August 83 wurde die Meldung verbreitet, zusammen mit den Gewerkschaften sei festgestellt worden, daß in dem untersuchten Bereich 17 000 Industrieroboter 370 000 Menschen ersetzt haben. *Ein* Roboter hat demnach fast 22 Arbeitsplätze obsolet gemacht!

In Unkenntnis der langfristigen Planung Japans wird hier Ursache und Wirkung verwechselt. »Spektrum der Wissenschaft« veröffentlichte im April 1983 einen Bericht mit dem Thema »Japans Technologie heute«. In diesem Artikel wird eine Statistik des japanischen Zentrums für Wirtschaftsforschung veröffentlicht, aus der hervorgeht, daß im Jahr 1960 die Altersstruktur der arbeitenden Bevölkerung folgende Verteilung aufwies: Anteil der 15–44jährigen 68 %; der 45–59jährigen 22,1 %; der 60jährigen 9,3 %. Diese Zahlen werden sich bis zum Jahre 2000 folgendermaßen ändern: Anteil der 15–44jährigen 52,5 %; der 45–59jährigen 33,7 %; der 60jährigen 13,7 %. Auch in der Bundesrepublik Deutschland ist eine ähnliche Alterspyramide bereits seit langer Zeit bekannt. Es wurde aber nichts weiter unternommen als die Renten zu beschneiden und dazu diese lobbylose Gruppe auch noch kräftig zur Kasse zu bitten. Im Gegensatz hierzu war in der langfristigen Planung Japans diese voraussehbare Situation eine der *Ursachen* für die Planungen der fünften Computergeneration, des massiven Einsatzes künstlicher Intelligenz und der Industrieroboter. Die Feststellungen, auf die unsere »Fachleute« jetzt hinweisen, kommen für die Mitarbeiter des 10-Jahresprojektes »Die fünfte Computergeneration« keinesfalls überraschend.

Das Projekt »Die fünfte Computergeneration« wurde von seinem Leiter Tohru Moto-oka, Professor an der Universität von Tokio, in einer denkwürdigen Konferenz im Oktober 1981 in Tokio der Weltöffentlichkeit vorgestellt. In englischer Sprache ist bei der North-Holland Publishing Company im Frühjahr 1982 ein von Moto-oka herausgegebener Gesamtbericht erschienen, der sämtliche Vorträge dieser Tagung enthält. Hier ist dargelegt, wie der schrittweise Übergang von der Industriegesellschaft zur Informationsgesellschaft mit Hilfe der neuesten Technologien vor sich gehen soll. In der Informationsgesellschaft ist aufbereitetes, vom schöpferischen Menschen unmittelbar anwendbares Wissen *Handelsware*. Ziel ist hierbei *nicht* eine Industrialisierung, Mechanisierung, Computerisierung und Vereinheitlichung auch des Primärbereiches (Ackerbau, Landwirtschaft, Viehzucht, Fischerei, Ausbeute von Bodenschätzen) und des Tertiärbereiches, des Dienstleistungsbereiches, zu dem auch Schulung, Medizin etc. gehören. Ziel ist vielmehr: Die Realisierung von Lebensqualität, die Humanisierung des Arbeitslebens und die Befreiung von Ängsten und Zwängen.

Eine ganze Anzahl von Mosaiksteinen auf dem Weg zu diesem Ziel haben wir dem Leser bereits vorgestellt. Wie lassen sich diese Mosaiksteine zusammensetzen, damit die Vorgehensweise auf dem Weg zu diesem Ziel verständlich wird? Ganzheitlich arbeitende Fachleute waren von der Vorstellung im Oktober 81 außerordentlich beeindruckt, gleichzeitig teils erschreckt, teils begeistert. In den USA und den maßgebenden Industrieländern Europas werden große Anstrengungen gemacht, die Entwicklungen auf die Richtung der Humanisierung des Arbeitslebens und der Realisierung hoher Lebensqualität einzuschwenken. Japan hat zur weltweiten Kooperation eingeladen.

Einen weiteren falschen Schluß brachte kürzlich der Vorsitzende einer großen deutschen Gewerkschaft aus Japan mit: Er berichtete, daß die Gewerkschaften auch in Japan angesichts der steigenden Arbeitslosenzahlen die Arbeitszeitverkürzung für ein wirksames Gegenmittel halten. Nun ist bekannt, daß in Japan die Gewerkschaften nicht wie hierzulande branchenweise organisiert sind, sondern jeder größere Betrieb seine eigene Gewerkschaft hat, die dadurch an der Erhaltung nicht nur der Arbeitsplätze, sondern auch des Betriebes selbst sehr direkt interessiert ist.

In dem schon erwähnten Artikel aus »Spektrum der Wissenschaft« befindet sich eine Statistik über die jährlichen Arbeitsstunden in der Fertigung (ohne Teilzeitbeschäftigte): Demnach werden in Japan 2164 Arbeitsstunden geleistet gegenüber 1987 in USA und 1766 in der Bundesrepublik Deutschland. Hierin sind Überstunden nicht enthalten. Eine Rücknahme auf das in anderen Ländern übliche Maß war in Japan ohnehin überfällig und ist nicht im direkten Zusammenhang mit der Freisetzung von Arbeitnehmern zu sehen. Die Maßnahme geht in die Richtung der Humanisierung des Arbeitslebens und wird ein gewisses Maß keinesfalls überschreiten, da nach dem laufenden 10-Jahres-Plan die durch den Robotereinsatz frei werdenden Arbeitskräfte im Primär- und Tertiärsektor, wo sie demnächst dringend benötigt werden, eingesetzt werden sollen. In diesem Zusammenhang ist auch die derzeitig diskutierte Absicht zu verstehen, in Japan das Pensionsalter auf 70 Jahre *heraufzusetzen*, die Lebensarbeitszeit also zu *verlängern* und damit auch wertvolle Erfahrungen aus dem Sekundärbereich in den Primär- und Tertiärbereich einbringen zu können.

Wir müssen uns nun noch mit einer gefährlich falschen Folgerung aus der oft zitierten Meinung auseinandersetzen, die derzeitige hohe Arbeitslosigkeit in der Bundesrepublik sei nicht eine Folge des Einsatzes neuer Technologien, sondern *nur* durch das fehlende Wachstum der Wirtschaft verursacht. Bei einer wachsenden Wirtschaft verschwände die Arbeitslosigkeit von selbst. Als Beweis wird angeführt, daß sich ja die Produktivitätsentwicklung innerhalb der letzten 10 Jahre nicht geändert habe.

Dem muß entgegengehalten werden, daß vor 10 Jahren sowohl der Mikroprozessor als auch der Industrieroboter noch in der Entwicklung begriffen war und daß auch heute noch die Entwicklung erst am Anfang steht. Auch der Industrieroboter braucht, um seine volle Wirksamkeit zu zeigen, seine auf ihn abgestellte Umgebung, sein »Milieu«, wie die Fachleute sagen. Diese weisen darauf hin, daß ein noch so technisch avancierter Roboter, von Unerfahrenen eingesetzt, sich auch nicht viel anders als ein ungelernter Arbeiter benimmt. Die Aussage, daß bei wachsendem Wirtschaftsvolumen auch mehr Leute beschäftigt werden, ist *immer* richtig, wenn der Produktivitätszuwachs geringer ist als die Wachstumsrate. Der Irrtum liegt in der Tatsache, daß aufgrund des Einsatzes der Industrieroboter die Beschäftigtenzahl keinesfalls mehr proportional zum Wirtschaftswachstum steigen wird, sondern ganz erheblich geringer.

Wird es überhaupt ein Wirtschaftswachstum geben? Wir zitieren Heinz Keller, Präsident der Fraunhofer-Gesellschaft, der in der »Süddeutschen Zeitung« vom 13. August 83 schreibt, daß sich die Industrieländer auf ein *Nullwachstum* einstellen müssen. »Die Grenzen des Wachstums sind erreicht, die Konjunkturzyklen werden immer kürzer und die Zuwachsraten immer kleiner.« Er führt weiter aus, daß der Anteil des produktiven Sektors von jetzt 45 % bis zum Ende des Jahrhunderts auf 30 % absinken wird. Auch der Dienstleistungssektor könne die Verschiebungen auf dem Arbeitsmarkt nicht mehr aufnehmen. Das Wirtschaftswachstum habe noch nie ausgereicht, um die Rationalisierung zu kompensieren. Er ist der Meinung, daß zur Finanzierung neuer Programme der Staat wesentlich mehr leisten könne, wenn nicht Branchen wie Stahl, die Bundesbahn und die Landwirtschaft subventioniert, sondern nach dem Beispiel Japans nur für Zukunftsinvestitionen Gelder vergeben werden.

Wir möchten Herrn Keller, dem wir sonst zustimmen, in *einem* Punkt widersprechen: dem Nullwachstum. Wie und wodurch kann in einer vielfach saturierten Situation zusätzliches Kauf- und Investitionsbedürfnis geweckt werden und wie verdienen die Käufer und Investitoren die hierzu notwendigen Gelder? Wenn sich die noch sozusagen in der »Pubertät« befindlichen Industrieroboter bereits so auswirken, daß hunderttausende von Arbeitsplätzen obsolet werden, wie wird es dann erst aussehen, wenn diese Roboter »erwachsen« geworden sind und diejenigen, die sie einsetzen, über einen großen Erfahrungsschatz verfügen? In wenigen Jahren wird sich das zeigen. Es sieht so aus, als ob auch hier der Einsatz der Industrieroboter zu einer überraschenden Wende führen könnte. Die Situation soll daher einmal vom Standpunkt der Marketing-Fachleute aus betrachtet werden.

Hier gilt vor allem der alte Grundsatz »das Bessere ist des Guten Feind«. Die durchaus noch brauchbare Zentralheizungsanlage wird verschrottet und gegen eine moderne Niedrigtemperaturanlage, außenthermostatgeregelt mit ölvorheizendem Hochdruckbrenner ersetzt, wenn sicher nachgewiesen werden kann, daß sich die relativ hohe Investition bereits nach zwei Jahren amortisiert hat. Noch in hervorragendem Zustand befindliche Automobile werden durch neue ersetzt, die durch die Anwendung verbesserter Technologien wesentlich sicherer, anwendungsfreundlicher, schneller sowie in Unterhalt und Wartung erheblich billiger geworden sind. Aber auch Gegenstände, die nicht mit einem Störfaktor vernetzt sind, können als Beispiel dienen: Die auf Knopfdruck in natürlicher

Sprache die Zeiten ansagende Armbanduhr, die Seh-
behinderte zusätzlich kaufen, der »Walkman«, durch
den sich der Discofan auch beim Spazierengehen Ste-
reophones unter Ausschluß aller anderen Trivialge-
räusche zuführen kann, automatische Küchenherde,
Videorecorder und schließlich solche Dinge wie der
»Bayerische Bierschatten«, eine Art Miniwand-
schirm, der, vor das Bierglas gestellt, eine unzulässige
Temperaturerhöhung durch direkte Sonneneinstrahlung verhindert. Computerspiele für Leute, die ihr
Reaktionsvermögen verbessern wollen und die Home
Computer sind wieder seriösere Beispiele.

Es sei daran erinnert, daß die fünfjährige Lebensdauer
einer Technologie eine akzeptierte Tatsache darstellt.
Diese wird sich, wie wir zeigten, durch die Anwendung der künstlichen Intelligenz und der Bootstrapping-Verfahren zunächst auf drei Jahre verkürzen. Es
sind daher in ungleich stärkerem Maße als bisher, in
immer kürzeren Abständen signifikante Verbesserungen zu erwarten. Bei Herstellung derartiger innovati-
ver Produkte spielen die Industrieroboter eine ganz
entscheidende Rolle. Folgendes Zitat aus »Absatzwirtschaft« Nr. 10/82 macht dieses deutlich: »In dieser Flexibilität (... der Roboter ...) liegt ihr Vorzug
gegenüber Sondermaschinen, die auch automatisch
arbeiten, aber immer nur für ein und dieselben Arbeiten geeignet sind. Eine Starrheit, an der automatisierte
Produktion bisher scheiterte, wenn die Stückzahlen
nicht so hoch lagen, daß sich die teuren Sondermaschinen bezahlt machten. Denn: Stirbt ein Produkt,
so müssen die zu seiner Herstellung eingesetzten Ein-
zweckautomaten in aller Regel verschrottet werden.

Wird es geändert, so ist die Umrüstung zeitraubend und kostenträchtig. Wird ein Produkt gar gleichzeitig in Varianten hergestellt, so scheiterte eine Automatisierung bisher in aller Regel an zu niedrigen Losgrößen für die einzelne Variante. Kurz: Märkten, die immer häufigeren Produktwechsel und immer zahlreichere Produkt-, Gebinde- und Verpackungsvarianten fordern, wurde die bisherige Automationstechnologie nicht gerecht. Der Vielzweckautomat Roboter soll das grundsätzlich ändern. Damit eröffnet er für das industrielle Marketing heute großartige Perspektiven: Dessen Wünsche nach schnellerer Anpassung an aufgefächerte und sich ändernde Nachfrage brauchen nicht mehr mit Argumenten der Produktionsökonomie abgeblockt zu werden.«

Es war immer schon sehr schwierig, den Publikumsgeschmack vorauszusagen. So wurde die sehr fortschrittliche Karosserie des RO 80 damals nicht akzeptiert. Neben allen umwelttechnisch bedingten Schwierigkeiten kam die »Concorde« beim Publikum nicht an, weil der mit ihr erzielbare Zeitgewinn gegenüber anderen, bei vergleichbaren Transportmitteln herrschenden Wirkungsfaktoren nicht entsprechend hoch gewertet wurde. Dagegen wurde die Einführung des Schecks als Zahlungsmittel, vor dem Fachleute als landesuntypisch und gänzlich ungewohnt sowohl in der BRD als auch in Japan gewarnt hatten, vom Publikum sehr schnell akzeptiert.

Was an Zukunftsproblemen arbeitende, in Netzen denkende Fachleute längst wußten, hat sich nun auch in aller Öffentlichkeit gezeigt: Die Zukunft ist nicht mehr die Fortsetzung der Vergangenheit! Eine Trendextrapolation, wie sie von professionellen Voraussagern betrieben wird, kann zwar die höchstwahrscheinliche Entwicklung *einzelner Wirkungsfaktoren* angeben. Das, was die Zukunft für den Menschen aber wirklich gestaltet, ist *nicht* ein unabhängiges Nebeneinander einer Vielzahl von einzelnen Wirkungsfaktoren, sondern *das Zusammenspiel, die Vernetzung* der immer zahlreicher werdenden Wirkungsfaktoren in ihren wiederum verflochtenen Systemen. Die bisher angewendeten Methoden sind nicht in der Lage, die mögliche Kombination und die daraus resultierenden unvermeidlichen Nebenwirkungen anschaulich und manipulierbar darzustellen. Es ließ sich daher auch nicht sagen, welche Entwicklungen günstig oder ungünstig sind, welche bekämpft oder gefördert werden sollten.

Methoden, die hierzu in der Lage sind, entstanden nur auf der Basis der neuen technologischen Entwicklungen und ermöglichen dem Menschen plötzlich das Sichten sehr großer Datenmengen, das sekundenschnelle Ablaufen sehr komplizierter und schwieriger Planungsverfahren sowie den Aufbau und das Austesten realistischer Zukunftsmodelle mit jeweils unterschiedlichen Kombinationen von vernetzten Wirkungsfaktoren in extremer Zeitraffung.

Tohru Moto-oka hat die Fachleute der Welt anläßlich der Konferenz in Tokio im Oktober 81 aufgerufen, doch einmal festzustellen, welche Voraussagen für das Jahr 81 von den Experten des Jahres 1971 gemacht worden sind. Als Ergebnis stellte sich heraus, daß fast nichts von diesen Prognosen eingetroffen ist! Das allgemeine Verwendbarwerden neuer Technologien wie der Basisinnovation »Mikroprozessor« und die bereits erzielten Fortschritte auf dem Gebiet der künstlichen Intelligenz haben die Entwicklung in gänzlich andere Richtung gelenkt. Erfreulicherweise gestattet diese Entwicklung eine andere, viel erfolgversprechendere Methodik bei der Gestaltung der Zukunft.

Aus vertrieblicher Sicht kommt es darauf an, die Zeit zwischen Vorbereitung und Herstellung einer hinreichend großen Fertigungsmenge, die aufgrund eines erwarteten Käuferverhaltens veranlaßt wurde, und dem Zeitpunkt der Lagerräumung möglichst kurz zu halten, was durch die Verkleinerung der in der Erstserie hergestellten Menge zu erreichen wäre. Sonst besteht die Gefahr, daß die Nachfrage aufhört, bevor die Lagerbestände verkauft sind.

Der Industrieroboter – ein Instrument zur Automatisierung auch kleiner Serie – ist ein Mittel zum schnellen Reagieren auf Marktänderungen. In »Absatzwirtschaft« 10/82 sagt Dr. Ing. Friedrich Storck, Principal der auf Fabrikplanung spezialisierten Ingersoll-Ingenieurgesellschaft Düsseldorf: »Roboterisierte Produktionen können prompter auf neue Kundenwünsche reagieren. Damit kommt aber auch die Nagelprobe für vom Verkauf unter Berufung auf Kundenwünsche geforderte Änderungen. Es wird sich zeigen, ob der Verkauf sie nur vorgeschützt hat, um verkäuferische andere Schwächen zu kaschieren. Mit Robotern im Rücken wird Marketing leichter, muß aber auch selbstkritischer werden.«

Bei Einsatz von Industrierobotern kann zunächst in kleiner Serie getestet werden, ob ein bestimmtes Produkt der Markteinschätzung entspricht und »ankommt«. Ist dieses der Fall, so kann die Serie vergrößert und die Massenproduktion vorbereitet werden. Ebenso ist natürlich eine »Maßkonfektion« möglich: Die Herstellung von Varianten in nach wie vor kleinen Serien zur Befriedigung individueller Wünsche bestimmter Kundengruppen.

Nur durch Ändern der Stückzahlen im Programm des Roboters ist dieses allerdings nicht immer zu erreichen: Bei großen Stückzahlen wird meist eine andere Fertigungstechnologie eingesetzt, als bei kleinen. Dies sei an einem vereinfachten Beispiel gezeigt: Wir machen folgende Annahmen: Eine Kleinserie von einigen 100 Stück einerseits und eine Massenproduktion von einigen 100 000 Stück andererseits. Das Produkt sei sehr einfach: Ein Becher, der aus gewissen Gründen (z. B. Stoßfestigkeit oder Abschirmfähigkeit) aus Stahl sein soll.

Bei der Kleinserie wird man als Werkstoff eine massive Stange aus Stahl der gewünschten Festigkeit und einem Durchmesser wählen, der dem Außendurchmesser des Bechers entspricht. Genau der Längsachse folgend wird zentrisch eine Bohrung angebracht, die bis zur gewünschten Innentiefe des Bechers in das Material hineingeht. Dieses Loch wird weiter aufgebohrt, gefräst oder gedreht, bis nur noch Material von der gewünschten Wandstärke stehenbleibt. Der gewünschten Außenlänge entsprechend wird der Becher dann von der Stange abgetrennt. Als Abfall entstand ein Haufen Metallspäne, u. U. von größerem Gewicht als das Werkstück selbst. Daher die Bezeichnung »spanabhebende Fertigung«.

Für eine Massenfertigung geht das nicht schnell genug. Außerdem soll möglichst ohne Abfall gearbeitet werden. Hierzu wurde, insbesondere in den 30er Jahren, die »spanlose« Fertigung vorangetrieben. Eine umfangreiche Infrastruktur entstand: Die stahlerzeugende Industrie entwickelte ein besonderes Material, das in den Walzwerken zu sogenannten Tiefziehblechen verarbeitet wurde, ein Material, das sich unter hohem Druck in kaltem Zustand sehr stark dreidimensional verformen läßt, ohne daß Risse oder Verwerfungen auftreten. Bei der Verformung handelt es sich um eine Art molekulares Fließen, wodurch außerdem die Festigkeit des Werkstoffes günstig beeinflußt wird. Der hohe Druck wird durch meist hydraulisch arbeitende Pressen erzeugt, die es in zahlreichen Abmessungen gibt, um kleine Transistorkappen einerseits und riesige Karosserieteile andererseits herstellen zu können. Für jeden herzustellenden Gegenstand müssen diese Pressen mit einem Spezialwerkzeug versehen werden, mittels dessen mit einem oder mehreren Hüben aus dem planen Tiefziehblech das fertige Teil gepreßt und gleichzeitig erforderliche Öffnungen, wie etwa bei einer Autotür das Fenster, ausgestanzt werden. Die oft sehr großen und sehr teuren, hochkomplizierten Werkzeuge werden von den *Werkzeugmachern* hergestellt, eine Art Zehnkämpfer unter den Facharbeitern, eine besondere Elite. Die Menge der hergestellten Teile muß verständlicherweise so groß sein, daß trotz Billigkeit des einzelnen Endproduktes die anteiligen Entwicklungskosten für den Stahl, Kosten des Walzens der Tiefziehbleche, die Beschaffungs-, Lagerungs- und Transportkosten hier-

für, die Ausstattung einer Werkstatt mit Hochdruck-
pressen, das Herstellen der Spezialwerkzeuge für das
individuelle Werkstück und die Personalkosten abge-
deckt werden und ein angemessener Gewinn erwirt-
schaftet werden kann.

Wenn sich an der stahlverwendenden Technologie
nichts ändert, wäre der flexible Industrieroboter in
zwei verschiedenen Umgebungen zu sehen: Bei der
Herstellung kleiner Serien wäre er im wesentlichen
selbst »Werkzeugmaschine«: Seine Manipulatoren
sind so ausgestattet, daß das entsprechende Material
hantiert und bearbeitet werden kann. Im Falle der
Massenfertigung würden die Manipulatoren gegen
solche ausgewechselt werden, die für das Hantieren
von Blechen zur Beschickung der Presse und zu deren
Bedienung besser geeignet sind. So ist denn der werk-
zeugmaschinenbedienende Roboter in Amerika bereits vielfach im Einsatz. Der moderne Industrieroboter ist daher »modular«, d. h. baukastenartig aufgebaut, um ihn auch für derart unterschiedliche Aufgaben anpassungsfähig zu machen. Außerdem können
die Moduln auch einzeln verkauft werden.

Das Beispiel zeigt wieder die starke Vernetzung der
für den Laien meist gar nicht erkennbaren Systeme
und macht andererseits auch verständlich, daß starke
Interessengruppen dafür sorgen, die hohen Investitionen noch möglichst lange nutzen zu können. Jeder
Versuch zur Einführung andersartiger Technologien
wird möglichst lange abgeblockt, u. U. neue Technologien ermöglichende Grundsatzpatente aufgekauft
und auf Eis gelegt.

Es kann jedoch gar kein Zweifel darüber bestehen,

daß der Absatz von Tiefziehblechen durch den zunehmenden Anteil andersartiger Fertigung für kleine Serien abnehmen wird. Dieser Trend wird durch andere Technologien verstärkt, die den Einsatz von Industrierobotern begünstigen, wie etwa die Verwendung von Kunststoffen, Glasfasern und Sintermaterial, zu deren Verarbeitung niedrigere Drucke und einfachere Pressen genügen. Das Material wird aus Magazinen in Form von Granulat oder Pasten zugeführt, wodurch sich Manipulationsaufgaben für den Roboter vereinfachen, Spezialwerkzeuge einfacher werden und schließlich auch diese von Robotern hergestellt werden können.

Die Art und Weise des Einsatzes der Industrieroboter scheint sich ähnlich zu entwickeln, wie es vor 20 Jahren bei den Computern der Fall war: Zunächst wurde von einem zu automatisierenden Arbeitsgang eine »Status-quo-Aufnahme« gemacht. Nachdem dadurch genau bekannt war, wie es der Mensch machte, wurde versucht, dieses mit dem Computer nachzuspielen. Wir stellten schließlich fest, daß das gar nicht immer zweckmäßig ist, da der Computer andere, sehr viel schnellere und rationellere Lösungsmöglichkeiten bot. Ein einfaches Beispiel: Bei der Errechnung des Nettolohnes aus dem Bruttolohn gab es für jede Steuerklasse Tabellen, aus denen die zu den jeweiligen Lohnspannen gehörenden Lohnsteuerbeträge direkt entnommen werden konnten, damit die Sachbearbeiterin nicht jedesmal die komplizierte Berechnungsformel anwenden mußte. Dem Computer hingegen war es viel lieber, die Formel anzuwenden. Das ging viel schneller und brauchte bedeutend weniger Speicherplatz. Bei einer Änderung des Steuersatzes brauchte auch nur ein bestimmter Faktor in der Formel geändert zu werden, während man sonst in einem viel aufwendigeren Korrekturlauf die alten Tabellen durch neue hätte ersetzen müssen. Es dauerte Jahre, bis die Computer einsetzenden Betriebe die amtliche Genehmigung vom Steueramt bekamen, die Formel statt der Tabellen zu verwenden.

Es besteht immer die Notwendigkeit, sich auf eine neue Technologie einzustellen, um optimalen Nutzen daraus ziehen zu können. So hat man auch bei der Einführung der Geschirrspülmaschinen die Teller mit Golddekor und filigranen Verzierungen durch dekorfreie Schlichtformen, die Küchenmesser mit schönen Holzgriffen durch solche mit maschinensicheren Plastikgriffen und die blindwerdenden Kristallgläser durch spülmittelresistente Becher ersetzen müssen, um den Nutzen der Maschinen nicht zu mindern.

So muß nun auch in der Bundesrepublik schleunigst etwas nachgeholt werden, das beispielsweise in Japan längst durchgeführt ist: Dr. Ing. Friedrich Storck schreibt hierüber in »Absatzwirtschaft« 1/82: »Die Leute versuchen, *alte technische Produktionskonzepte mit neuen Prozeßtechnologien zu verwirklichen.*« Ingersoll's Bodo F. Holz fügt dem hinzu: »Mit der Möglichkeit, betriebliche Prozesse durch elektronische Datenverarbeitung zu steuern und zu überwachen, sind wir mitten in der zweiten industriellen Revolution, aber die konzeptionellen Folgen dieses Umbruchs sind noch kaum erkannt und überhaupt noch nicht geistig verarbeitet. Statt die Produktionskonzeption und die Produktionsstruktur als *Ganzes zu analysieren* und zu erneuern, wird an einzelnen Stellen herumgedreht.« Norbert Schlimm von der 1983 vom US-Elektrokonzern Westinghouse übernommenen Unimation schätzt die Anzahl der 1982 über genügend Anwendungswissen verfügenden Personen in Deutschland auf nur etwa *500–700 Leute.* Diese Fachleute stimmen in der Meinung überein, daß genauso wie seinerzeit bei dem ersten Einsatz elektronischer Datenverarbeitung *der bloße Ersatz von Menschen durch Computer* auch der Ersatz von Menschen durch Roboter *keine wirtschaftlichen Vorteile bringt.* Erst die Kombination der Möglichkeiten der neuen Technologien und Verfahren, die wir beschrieben haben, bietet den neu entstehenden Berufsgruppen, deren Schwergewicht in der Planung zu sehen ist, die Möglichkeit, die Roboter so einzusetzen, daß Durchlaufzeiten verkürzt, Produktqualität und Zuverlässigkeit signifikant erhöht und dabei die betrieblichen Steuerungsprobleme entschärft und völlig beherrscht werden.

Der erhebliche Vorsprung beispielsweise der Japaner im Einsatz von Industrierobotern und der damit erzielbaren großen Produktivitätssteigerung ist nur möglich geworden, weil man dort frühzeitig großes Gewicht auf die Planung im *Vorfeld* des Robotereinsatzes gelegt hat und die Produkte, die mit Robotern produziert werden sollen, entsprechend den Erfordernissen dieser Maschinen konstruiert hat, wobei die Zahl der Komponenten und die Vielfalt der Werkzeuge drastisch begrenzt werden konnte. Storck zitiert ein Beispiel für die hierdurch mögliche große Reduktion der Bearbeitungsprozesse: Beim Putzen und

Nachbearbeiten von Gußteilen ist wegen der entsprechend konstruierten Gußform die Bearbeitung der Gußteile bei den Japanern inklusive Guß auf zehn Tage reduziert worden, während in der Bundesrepublik Deutschland eine entsprechende Teilebearbeitung ohne die Gußphase drei Monate dauert.

Zwei Dinge beginnen sich jetzt abzuzeichnen: Wir gewinnen etwas Zeit. Das Rezept Mensch raus, Roboter rein wird nicht funktionieren. Statt dessen müssen auf dem Planungssektor eine Vielzahl neuer Tätigkeiten ausgeübt werden, die jetzt mit den Mitteln der neuesten Technologie arbeiten können und z. T. erst durch diese möglich wurden:

Im Heft 34 des Magazins »Stern« vom August 1983 ist die Montagehalle beschrieben, die vom Volkswagenwerk für den Zusammenbau des neuen VW Golf errichtet wurde: Die erste Autofabrik der Welt, in der Menschen in der Endmontage fast überflüssig sind. In parallel laufenden Rundfunksendungen war zu hören, daß die gesamte Umstellung des Montagesystems 2,4 Milliarden DM verschlungen hat, worin allein 500 Millionen für die robotergerechte Umkonstruktion des neuen Automodells enthalten sind. Die hier eingesetzten Roboter stellt VW selbst her. Einmal wird hierdurch ein unmittelbarer und sehr schneller Rückfluß der im Betrieb gemachten Erfahrungen auf verbesserte Roboterkonstruktionen sichergestellt, zum anderen ist das ein ohne Zweifel richtiger Schritt in die »Diversifikation«: Der Betrieb stellt nicht mehr nur Automobile und Antriebsaggregate her, sondern erzeugt ein Produkt, das nicht nur z. Zt. bereits für den Betrieb von enormem Nutzen ist, und sich außerdem zur Herstellung anderer Dinge eignet, falls die Versorgung des Marktes mit Automobilen sich der Sättigung nähert und andere Produkte, die heute u. U. noch gar nicht bekannt sind, hergestellt werden müssen. Mit dieser enormen Investition ist jedenfalls z. Zt. erreicht worden, daß etwa 112 Minuten an der Fertigungszeit eingespart werden konnten, d. h. daß um ein Viertel mehr Autos in der gleichen Zeit erzeugt werden können. Jede künftige Modelländerung benötigt praktisch keine Investitionen mehr und bedeutet nur eine Änderung der Roboterprogramme. Auf der gleichen Montagestraße können aber auch Bahnwaggons, Container, Flugzeug- oder Schiffsteile, Förderkabinen einerseits, aber auch ganze Fabrikbestandteile andererseits hergestellt werden. VW wäre damit für die ersten Schritte in die Zukunft gerüstet.

VW ist hierbei nicht allein. Inzwischen wird bekannt, daß der FIAT UNO, das neueste Renault-Modell und die neue BMW-Serie ebenfalls in derartigen roboterisierten Montagestraßen zusammengebaut werden. British Leyland schickt sich an, ein gleiches zu tun. Teils arbeiten die Unternehmer mit spezialisierten Firmen zusammen wie BMW mit der Augsburger IWKA-Tochter KUKA, teils stellen die Kraftfahrzeughersteller nach dem Muster von VW ihre Roboter selbst her, wie z. B. Kawasaki und Mitsubishi in Japan.

Dieses Umstellen vorhandener technischer Lösungen auf neuartige Technologien ist auch in der Vergangenheit notwendig gewesen. Erinnert sei an die Entwicklung der Zivilluftfahrt nach dem letzten Krieg, ihre Auswirkung auf die Infrastruktur der Flughäfen einerseits und auf die Passagierschiffahrt andererseits. Denken wir an die Umwälzungen auf dem Gebiet der Kommunikationsmittel, an die Auswirkungen der verbesserten Diagnosemöglichkeiten in der Medizin auf Ernährung und Landwirtschaft, an die umwälzenden Konzepte in der Landesverteidigung. Derartige Umstellungen benötigten bisher einen Zeitraum von etwa zehn Jahren. Das verträgt sich heute nicht mehr damit, daß alle drei Jahre eine Technologie auftaucht, die wiederum neue Umwälzungen bringt!

Wie zum Beweis dieser Tatsache berichtete Stefan M. Gergely in der »Süddeutschen Zeitung« vom 18. August 1983 in der Beilage »Forschung, Wissenschaft, Technik« über eine erstaunliche Entwicklung: Die möglichen Schaltzeiten der wenige Zentimeter großen Mikroprozessoren liegen im Bereich von einer Milliardstelsekunde, da Elektronen in Halbleitern nur mit einer begrenzten Geschwindigkeit wandern und eine weitere Miniaturisierung wegen des Auftretens nicht mehr ableitbarer Wärme kaum noch möglich erscheint. Man hat hier praktisch eine physikalische Grenze erreicht. Nun wurde an der Universität von Edinburgh ein »Transphasor« genannter optischer Schalter entwickelt, der die erst 1976 in den USA entdeckte optische Bistabilität mancher Halbleiter nutzt, deren lichtbrechende Eigenschaft sich mit der Stärke des einfallenden Lichtes ändert. Es wurde bewiesen, daß mit diesem Transphasor ein mit Lichtstrahlen statt mit Elektronen arbeitender Computer konstruiert werden kann. Dieser wäre in der Lage, in der Sekunde 1000 Milliarden Mal zu schalten! Das bedeutet eine in der Technik noch nie dagewesene Leistungssteigerung um gleich drei Größenordnungen! (Eine »Größenordnung« ist eine Zehnerpotenz.) Nach der Entwicklung von elektrischen Transistoren durch die Bell Telephone Company in USA hatte es damals fast zehn Jahre gedauert, bis diese in größerem Umfang in Computern verwendet wurden. Man könnte daher annehmen, daß auch der Transphasor erst Mitte der 90er Jahre für die praktische Nutzung zur Verfügung stehen wird. Gergely erwähnt demgegenüber, daß die Hughes Aircraft in Kalifornien noch 1983 den Prototyp eines derartigen optischen Schalters vorstellen wird!

Warum diese Eile, wo doch heute noch nicht einmal die eine Milliarde Schaltungen pro Sekunde in der Breitenanwendung genutzt werden? Der ganzheitlich Orientierte weiß die Antwort: Die Strahlung einer in sehr großen Höhen gezündeten Atombombe, deren Druckwelle auf der Erde kaum noch Zerstörungen hervorrufen würde, ist in der Lage, in weitem Umkreis alle Transistoren, Halbleiter, Mikroprozessoren und Schaltelemente zu zerstören! Da es in der Kommunikationstechnik und in der Verteidigungsmaschinerie kaum noch Geräte gibt, die nicht Mikroprozessor-gesteuert sind, kann man sich vorstellen, was geschieht, wenn kein Computer, kein Telefon, keine Kommunikation, kein Zielgerät, kein Fahrstuhl, keine Armbanduhr, kein Radio und kein Automobil mehr funktioniert. Ein Krieg bräuchte gar nicht mehr stattzufinden. Ohne Kommunikationsmöglichkeit ist jedes moderne Kollektiv völlig hilflos und zur Inaktivität verdammt. Deshalb werden überall auf der Welt von den im Ost-West-Spannungsfeld liegenden Militärorganisationen Milliarden investiert, um die lebensnotwendigen Kommunikationsmittel und Geräte gegenüber dieser Strahlung abzuschirmen.

Demgegenüber ist der nur mit Lichtstrahlen arbeitende Transphasor gegen jede Art von Strahlung vollkommen unempfindlich, und bleibt herstellungsmäßig in der gleichen Technologie wie die modernen abhörsicheren Lichleiterkabel. Prompt muß das große Planungsspiel um einige Wirkungsfaktoren erweitert werden: Soll man, kann man mit der Strahlensicherung der lebenswichtigen Kommunikationsmittel noch warten, um diese dann durch die optischen Elemente zu ersetzen oder dauert deren Entwicklung vielleicht doch zu lang? Wieviele Milliarden kostet die Abschirmung? Mit wieviel Milliarden ließe sich statt dessen die Entwicklung des Transphasors so beschleunigen, daß er mit Sicherheit im nächsten Jahr zur Verfügung steht? Wieviel Zeit wird benötigt, die vorhandene Kommunikationstechnologie durch die Glasfasertechnologie zu ersetzen? Soll ein Kompromiß gefunden werden? Wie weit könnte die Gegenseite sein? Könnte es sein, daß die Gegenseite durch diese Entwicklung zu einem Angriff provoziert wird, da sie selbst u. U. keine Möglichkeit zu dieser Entwicklung hat? Aber auch die Glasfasertechnik selbst ist von diversen Entwicklungen abhängig: Es müssen genügend Kapazitäten vorhanden sein, um die erforderlichen Mengen von Rohstoffen zu fördern, um derart reine Glasschmelzen herstellen zu können, daß, wie Gergely schreibt, »noch bei 800 m Dicke die gleiche Lichtdurchlässigkeit wie bei einer normalen Fensterscheibe« gegeben ist. Die Technologie ist bereits entwickelt. Ist die Fertigungskapazität jedoch groß genug, um eine derartige Umstellung der Kommunikationsmittel auf breiter Basis beschleunigt zu ermöglichen?

Jedes Hinzukommen derartiger Entwicklungen löst ein erweitertes Zukunftsmodell mit zusätzlichen Wirkungsfaktoren und Verflechtungen aus, das laufend auf dem neuesten Stand gehalten werden muß.

Und schon gibt es abermals eine Weiterung: Nach Gergely kündigen einige amerikanische Firmen neuartige optische Schalter aus *organischen Stoffen* an. Der »Bio-Chip« ist im Kommen!

4. Kapitel:
Die Symbolverarbeitung

Das Kapitel drei sollte zeigen, daß Fachleute aus ganz unterschiedlichen Gebieten eine Vielzahl von Änderungen in zahlreichen Bereichen für erforderlich halten. Eine Reihe von neuen Ansätzen wurde vorgestellt. In dem nun folgenden vierten Kapitel konzentrieren wir uns auf eine im Zusammenhang mit der kommerziellen Datenverarbeitung entstandene Entwicklung, die weitere Fortschritte auf dem Gebiet der künstlichen Intelligenz erst ermöglicht hat. Die Symbolverarbeitung ist auch deswegen von großem Interesse, da sie bei einer Vielzahl neu entstehender Berufe den Schwerpunkt bilden wird.

Es ist auch bei Datenverarbeitungsfachleuten weithin unbekannt, daß nach Konrad Zuses Pionierleistung (der noch mit mechanischen Relais arbeitende erste praktisch einsetzbare programmierbare Rechner der Welt) in den 40er Jahren alle großen, an der DV-Entwicklung arbeitenden Wissenschaftler in den USA den programmgesteuerten Rechner ausschließlich zum Zweck der Erzielung von Intelligenzleistungen gesehen haben. Pamela McCorduck berichtet hierüber ausführlich in ihrem Buch »Machines who Think« (Verlag W. H. Freeman and Company, San Francisco, 1979). In jener Zeit war jedoch weder die Computertechnologie hinreichend entwickelt, noch die Hirnforschung genügend fortgeschritten. So steht heute fest, daß die damaligen Versuche, das Zellenverhalten zu imitieren, zu nichts geführt haben. Erst

30 Jahre später wurde das Problem wieder aus einer ganz anderen Richtung aufgegriffen: Nicht aus dem Blickwinkel der Biologie, der Kybernetik oder der Informationstheorie, sondern abgeleitet aus der Informations*verarbeitung*. Die Anwendung des digitalen Computers, nicht nur als Informationsverarbeiter, sondern vor allem als *Symbolverarbeiter,* eröffnete neue Möglichkeiten. Um das Jahr 1956 gelang damit ein erster Durchbruch auf dem Wege zu praktischen Ergebnissen der künstlichen Intelligenz.

Mindestens 90% der Probleme unserer Zeit sind der Mathematik gar nicht zugänglich. Es gibt kein mathematisches Modell der Ost-West-Gegensätze oder der Nahost-Situation, ebenso wie es nicht möglich ist, ein mathematisches Modell einer Blinddarmoperation oder auch nur der möglichen Auswirkungen des Einsatzes eines menschlichen Zeigefingers zu erstellen. Die Denkvorgänge im Kopf eines Experten oder die Überlegungen eines Vorstandsmitglieds, eines Ministers, einer Hausfrau lassen sich nicht in Formeln fassen. Die im Rahmen dieses Buches diskutierten Problemstellungen, Anwendungen der künstlichen Intelligenz, Computer- und Mikroprozessorprogramme arbeiten mit der Manipulation von Symbolen und Schlußfolgerungen auf der Basis von Symbolen, nicht jedoch mit Berechnungen. So werden Probleme gelöst, die auch mit Hilfe von Symbolen definiert wurden. Wie wird so etwas gemacht? Was ist Symbolverarbeitung? Hierzu zwei einfache Beispiele:

Zunächst müssen wir Ballast über Bord werfen: Wenn hier von Symbolen die Rede ist, so ist nicht jener philosophisch-poetisch-sentimentale Symbolbegriff gemeint, wie ihn etwa die »Friedenstaube« darstellt. Die Tatsache, daß sie keine direkten Angriffstaktiken betreibt, domestizierbar und nützlich (Braten) ist und über eine Reihe von »netten« Eigenschaften verfügt, wie z. B. streng monogames Verhalten, »Turteln« und einen ausgesprochenen Heiminstinkt, ließ sie besonders geeignet erscheinen. Dieses, zusammen mit ihrer hohen Fluggeschwindigkeit (Spitze 130 km/h) ließ sie auch noch als Nachrichtenübermittler nützlich werden. Daß die Taube sich inzwischen als Umweltverschmutzer und -zerstörer hohen Grades und als Übertrager gefährlicher Krankheiten erwiesen hat und damit Aggression mit anderen Mitteln betreibt, stört das Bild und führt dazu, daß die Tauben in den Städten massenweise vergiftet, mit Netzen gefangen oder mit präpariertem Futter unfruchtbar gemacht werden. Gut im Rennen als Nachfolgekandidat liegt das Lamm. Aber auch das ist keine glückliche Wahl, denn in höherem Alter wird es als Rammbock zum Symbol einer Angriffswaffe. Nein, wir verwenden sehr viel einfachere Symbole, die jeder bereits kennt: Wir können eine Ziffer (auch Zahlensymbol genannt) sowohl zum Rechnen benutzen, als auch zur Kennzeichnung von Vorgängen, Sachen und abstrakten Begriffen. Genauso wie wir zur Kennzeichnung des Begriffes »Frieden« die Farbe grün und für den entgegengesetzten Zustand »Krieg« die Farbe schwarz nehmen könnten, wäre es legitim, für den Frieden das Symbol O und für den Krieg die 1 zu deklarieren. Wir alle haben Ziffern in diesem Sinne bereits benutzt: Ein markantes Beispiel ist die »Hausnummer«, die in den meisten Fällen das Grundstück und nicht das Haus kennzeichnet. Es hat sich eingebürgert, in jeder Straße die Hausnummern wieder mit 1 beginnen zu lassen. Sogar die Straßen selbst können durch Nummern gekennzeichnet werden, wie in den USA häufig üblich. In der Altstadt von Mannheim hat man die Häuserblocks durch eine Kombination aus Buchstabe und Ziffer gekennzeichnet. Zum *Rechnen* werden derartige Zahlenangaben nicht benutzt. Wir können zusätzliche Informationen in derartige symbolische Angaben hineinpacken: So kann festgelegt werden, daß sich die Grundstücke mit ungeraden Nummern auf der linken, diejenigen mit geraden Nummern auf der rechten Seite befinden. Wenn bekannt ist, daß die Grundstücke einer Straße von 1 bis 190 numeriert sind, wissen wir beim Suchen des Grundstückes mit der Nummer 188, daß es sich auf der rechten Straßenseite fast am »anderen« Ende der Straße befinden wird. Obwohl wir für diese Kennzeichnung genauso gut Buchstaben oder Tiere hätten nehmen können, ist es zweckmäßig, Ziffern zu verwenden, da unser Gerät, nämlich der Computer, dafür eingerichtet ist, Ziffern zu erkennen und sie beliebig zu manipulieren.

Bei den mit Ziffern arbeitenden Programmen unterscheidet man die wissenschaftlich/mathematische Datenverarbeitung, die mit Formeln arbeitet, und die kommerzielle Datenverarbeitung, die praktisch nur die vier Grundrechenarten benutzt und bereits weitgehend Ziffern als Symbole verwendet hat, beispielsweise die »Vorgangskennziffern«: Eine Zahl an einer bestimmten Stelle der hereingenommenen Information bedeutet z. B. als 1 den nun durchzuführenden Vorgang der Zeitlohnabrechnung. Ist es eine 2, dann handelt es sich um Stücklohn, bei einer 3 handelt es sich um Gruppenakkord, bei einer 4 um Lehrlingsvergütung etc.

Wie aber läßt sich ein *Problem* auf symbolische Weise präsentieren und wie wird es mit symbolischer Datenverarbeitung gelöst? Das erste Beispiel ist insofern ein sehr einfaches, als wir hier die Lösung von vornherein wissen. Abb. 4.1 zeigt ein Objekt, bei dem gleich lange und gleich breite Flächen durch Scharniere miteinander verbunden sind, also etwa ein Sonnenschutzrollo oder einen Wandschirm. Ein Roboter soll nun diejenige Form der Fältelung ermitteln, die beim Anblasen von der Schmalseite her der Luft den geringsten Widerstand entgegensetzt. Der Roboter beherrscht nicht, weil dieses zu aufwendig wäre, die gesamte höhere Mathematik und die damit verbundene Fähigkeit, aus den tausenden von Möglichkeiten die hierfür richtigen Formeln herauszusuchen und anzuwenden. Er geht folgendermaßen vor: Wir numerieren ihm die Scharniere von 1–15 durch, wie in Abb. 4.2 dargestellt. Der Roboter ist mit einem Sensor ausgestattet, der feststellen kann, ob bei einer Verände-

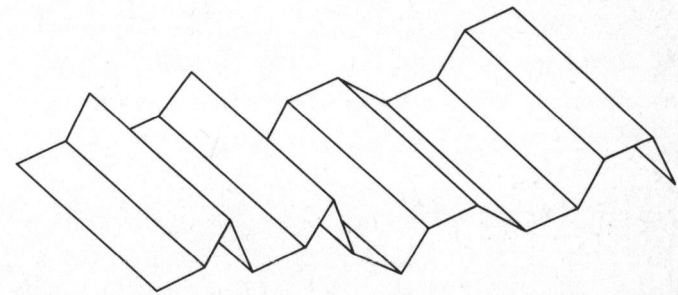

Abb. 4.1

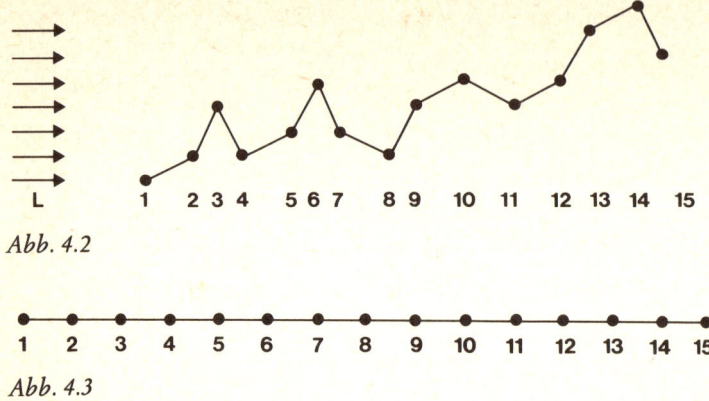

Abb. 4.2

Abb. 4.3

rung an der Stellung der Scharniere sich der Luftwiderstand erhöht oder erniedrigt. Der Wert selbst ist uninteressant. Der Roboter wird nun ein beliebiges Scharnier auswählen. Damit dieses wirklich zufällig ausgewählt wird, würde ein Mensch z. B. würfeln oder jeweils eine von 15 numerierten Marken aus einem Sack ziehen. Für unseren Roboter ist es aber einfacher, ein kleines Mikroprozessorprogramm namens »Streunummerngenerator« zu benutzen, das denselben Effekt hat. Auf diese Weise würde z. B. das Scharnier Nr. 10 »gezogen«. Unser Roboter wird nun noch einmal den Streunummerngenerator befragen: Ist die gezogene Zahl gerade, so wird er dieses Scharnier einen Schritt nach oben, ist sie dagegen ungerade, einen Schritt nach unten bewegen. Er möge einen Schritt nach unten ausführen. Sein Sensor kann ihm sagen, ob der Gesamtluftwiderstand des Gebildes nun gestiegen oder gefallen ist. Ist er gefallen, so folgt ein weiterer Schritt in dieser Richtung; ist dadurch der Luftwiderstand weiter gefallen, ein dritter Schritt. Durch diesen möge der Luftwiderstand wieder gestiegen sein. Dieser Schritt wird daher rückgängig gemacht und über den Streunummerngenerator ein anderes Scharnier, z. B. das Scharnier Nr. 4, ausgewählt. Hier wiederholt sich dieser Vorgang. Dieses geschieht so lange, bis keine Bewegung mehr ein weiteres Absinken des Luftwiderstandes bewirkt. Damit ist die geforderte Problemlösung, die gestreckte Form erreicht (Abb. 4.3). Unser Roboter hat hierfür 250 bis 300 Bewegungen am Modell durchgeführt. Diese Zahl der erforderlichen Bewegungen ändert sich nur unwesentlich, wenn man die Zahl der Gelenke reduziert oder erhöht.

Gerechnet wurde bei dem gesamten Vorgang überhaupt nicht! Es wurde nicht einmal irgendein bestimmter Wert berücksichtigt. Natürlich hätten wir das Ganze auch ohne Roboter und ohne Computer machen können, rein von Hand. So etwas wird auch gemacht: Die Natur macht so etwas seit vielen Milliarden Jahren: Es ist nämlich das Schema der natürlichen Evolution. In der Natur werden auch zwischen 250 und 300 Generationen benötigt, um aus einer zufällig entstandenen Mutation ein der Umwelt besser angepaßtes Lebewesen zu entwickeln. Es ist also nicht ganz zweckmäßig, den Vorgang manuell abzuwikkeln, denn wir brauchen die Ergebnisse ja bereits innerhalb der nächsten Stunde.

Nun noch ein zweites Beispiel, bei dem das Problem nicht so einfach gelagert ist. Es soll nach dieser symbolischen Vorgehensweise versucht werden, eine Raketenbrennkammer (Abb. 4.4) zu verbessern. Hierzu wird folgendermaßen vorgegangen. Wie in Abb. 4.5 dargestellt, wird die glatte Form durch Linieninkremente ersetzt. Diese kommen dadurch zustande, daß der massive schraffierte Block in der Abb. 4.4 durch 23 Scheiben ersetzt wird, die um die strichpunktierte Mittellinie herum kreisförmige Öffnungen unterschiedlicher Größe haben. Auf der rechten Seite der Abb. 4.5 ist an der Stelle AB die Scheibe 15 nach

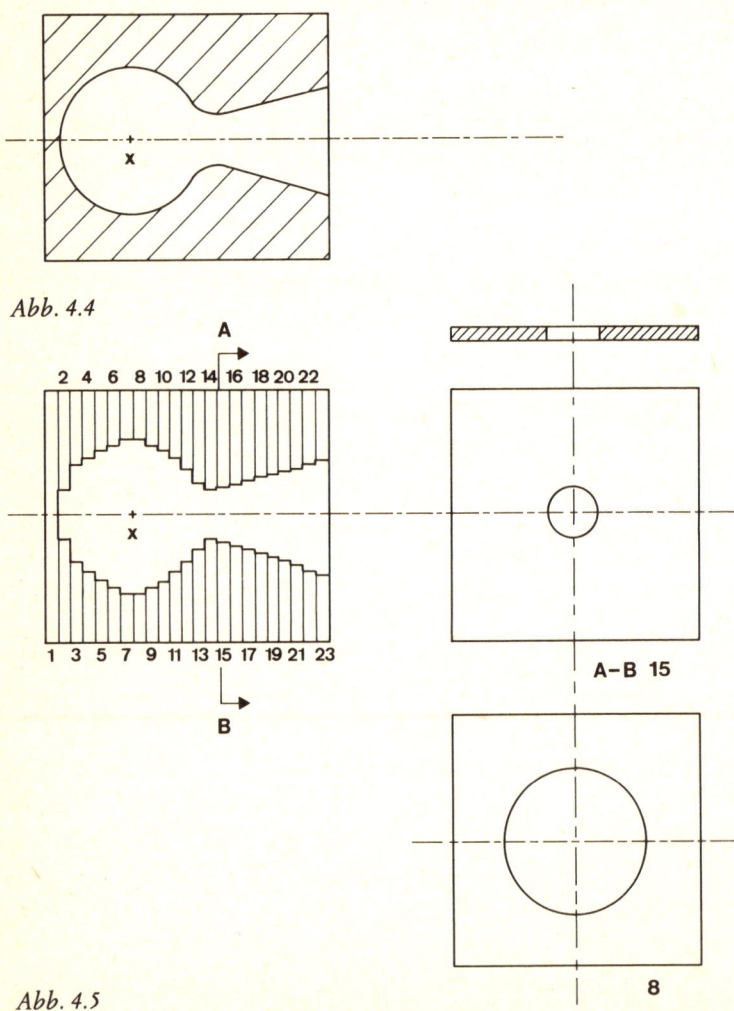

Abb. 4.4

Abb. 4.5

rechts herausgeklappt. Darüber sehen wir die Scheibe, an der Mittellinie aufgeschnitten. Darunter ist eine Scheibe mit einer anderen kreisförmigen Öffnung gezeigt, die Scheibe Nr. 8. Der Roboter ist mit einem Sensor ausgestattet, der die Änderung des erzeugten Schubes messen kann. Er geht wieder genauso vor, wie beim ersten Beispiel: Eine beliebige Scheibe wird ausgewählt und durch eine solche mit einem kleineren oder größeren Loch ersetzt. Dieses wird fortgesetzt, bis kein Austausch einer Scheibe mehr zu einer weiteren Erhöhung des Schubes führt. Ähnliches kann erfolgen, um eine eventuell günstigere Anbringung des Zündortes X durch Verschieben auf der Mittelachse festzustellen. Hierbei *könnte* eine Form, wie sie in Abb. 4.6 dargestellt ist, herauskommen. Informationen über ggf. erzielte Resultate sind nicht veröffentlicht worden.

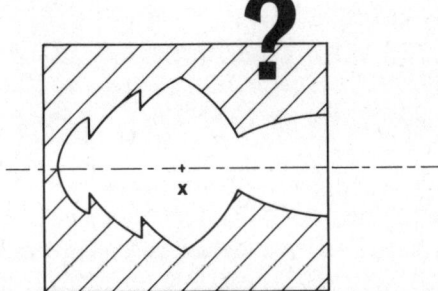

Abb. 4.6

Vielen Lesern mag vielleicht ein Stein vom Herzen fallen: Bei der Umschulung auf einen neuen Beruf muß niemand Mathematik lernen, der hieran keinen Spaß hat. Andererseits dürfen wir nicht in den Trugschluß verfallen, daß die Mathematik nun ausgedient habe! Neben ihren traditionellen, nicht wegzudenkenden Einsatzgebieten ist mit Sicherheit anzunehmen, daß später, wenn sehr genaue Kenntnisse über die bis jetzt noch nicht mit Formeln beschreibbaren Vorgänge vorliegen und sich die Vorgehensweisen bei der Problemlösung so stabilisiert haben, daß kaum noch Änderungen auftreten, auch hier wieder in zunehmendem Maße Mathematik eingesetzt werden kann. Gelegentlich kann sie auch heute schon bei der Symbolverarbeitung für einzelne Sonderaufgaben mit herangezogen werden. Günstig wirkt sich immer, auch beim Arbeiten mit Symbolen, die exakte mathematische Denkweise aus, ähnlich wie beim Lösen organisatorischer und kommerzieller Probleme die konstruktiv synthetisierende, ingenieurmäßige Denkweise als Ergänzung zum mehr analytisch registrierenden Vorgehen des Kaufmanns nützlich ist.

Wie in diesem Kapitel auf die Evolution werden wir noch mehrfach auf Vorgänge in der Natur verweisen. Folgendes soll daher klargestellt werden: Häufig denkt der Laie bei der Vorsilbe »Bio« in Verbindung mit dem Computer nur an Genmanipulation. Das ist nicht richtig! Wir sollten wenigstens folgende Begriffe auseinanderhalten: Bionik, Biotechnik und Biokybernetik. Wie bei den meisten mit der Software zusammenhängenden Begriffen (»Intelligenz«, »Expert«, »Fachmann«, »Baustein« etc.) gibt es auch hier keine eindeutige »amtliche« Definition. »Bionik« ist der umfassende Begriff, seit 25 Jahren in den USA Hochschulfach, der die Erforschung in der Natur vorkommender Problemlösungen überdeckt, die durch menschliche Technik noch nicht erreicht werden können. Beispiele: Die Fähigkeit des schnellen Auftauchens vieler Meeressäuger aus großer Tiefe, was beim Menschen die gefürchtete Taucherkrankheit auslöst, die Kommunikationstechnologie der Delphine, der »Kompaß« der Tauben etc.

Unter »Biotechnik« wollen wir das Nachvollziehen technischer in der Natur vorkommender Lösungen wie die Konstruktion von Gewölben, von stabilen Hohlkörpern, effizienten Schlagruderantrieben, Strömungsformen, Zweckformen für bestimmte Tätigkeiten und ähnliches verstehen. Die Genmanipulation gehört in diese Kategorie.

Bei der »Biokybernetik« handelt es sich um die in der Natur angewandte Methodik, mittels derer sich Ökosysteme stabilisieren, die Energieversorgung, das Recycling, die Evolution u. ä. mit einem durch menschliche Technik nie erreichten Wirkungsgrad von über 90 % betrieben wird.

5. Kapitel:
Was leistet die fünfte Computergeneration?

Erst in den 70er Jahren entstanden in Japan aufgrund der mit Hilfe der Symbolverarbeitung erreichten bedeutenden Fortschritte auf dem Gebiet der künstlichen Intelligenz die ersten Pläne für eine gänzlich neuartige Computerarchitektur (die einen völligen Bruch mit der Vergangenheit bedeutet). Neben der sehr erfolgreichen Entwicklung auf dem Gebiet der künstlichen Intelligenz war es in dieser Zeitperiode vor allem die Rasantentwicklung auf dem Gebiet der Mikroprozessoren und der Datenspeicher mit immer größerer Packungsdichte, die eine Entwicklung in eine neue technologische Linie verursachte. Diese fünfte Generation ist die Basis für eine neue Gesellschaftsform und enthält die Vorschläge für die Lösung einer Anzahl uns heute große Sorgen bereitender Probleme.

Die fünfte Computergeneration wird die Welt verändern. Der Mensch bekommt damit das entscheidende Instrument in die Hand, um die Zukunft nach besseren Kriterien zu gestalten, die Lösung der zahlreichen anstehenden Probleme Schritt für Schritt in Angriff zu nehmen und die Fehler wieder gutzumachen, die durch die Falschinterpretation des Bibelwortes »Seid fruchtbar und mehret Euch und machet Euch die Erde untertan« entstanden sind: Der Mensch hat *Raubbau an der Natur* betrieben, statt *Harmonisierung mit der Natur*. Es ist daher gar nicht verwunderlich, daß, besonders im deutschsprachigen Raum, bei Diskussionen um die zukünftigen Möglichkeiten immer häufiger Moraltheologen teilnehmen.

Die fünfte Computergeneration ist *nicht* eine Fortsetzung der vierten. Sie ist ein absoluter Neuanfang, ein völliger Bruch mit der Vergangenheit. Sie ist deswegen auch mit den vorangegangenen Generationen nicht »kompatibel«, d. h. die auf der ganzen Welt für viele, viele Milliarden Mark erstellten Programme laufen nicht auf der fünften Generation. Bisher wurde bei der Weiterentwicklung der Computer peinlichst darauf geachtet, daß, zumindest mit Hilfe von Anpassungsprogrammen, den sogenannten »Emulatoren«, die Programme der jeweils vorangegangenen Generation auf den neueren Maschinen laufen konnten. Das war nie effizient, da hierdurch die verbesserten und erweiterten Möglichkeiten der neuen Maschinen nicht genutzt wurden. Trotzdem laufen auch heute noch ein sehr hoher Prozentsatz an alten Programmen, deren Entwurf bereits 10–12 Jahre zurückliegt, »in Emulation« auf neueren Maschinen.

Der Weg, alte Programme dennoch auf der fünften Generation laufen zu lassen, ist typisch für die Vorgehensweise bei der fünften Generation: Hierzu ist erforderlich, daß der *logische Weg* des Vorgehens bei der Lösung einer Aufgabe *von der (programmtechnischen) Realisierung getrennt wird*. Das *Prinzipielle* an einem Vorgang muß dargestellt werden und nicht *eine mögliche Art*, wie dieser Vorgang durchgeführt werden könnte. Erst, wenn wir prinzipiell wissen, wie ein Strumpf gestrickt wird, können wir damit beginnen, einen kleinen Wollstrumpf für ein Baby oder einen

Baumwollsocken für den Vater oder einen langen Wollstrumpf für die Großmutter zu stricken. In der Praxis gibt es in vielen Fällen mehr als *eine* logische Lösung eines Problems. Es gibt aber stets sehr viel mehr praktische Realisierungsmöglichkeiten!

Im Rahmen der fünften Computergeneration werden Verfahren zur Verfügung gestellt, mit denen Logik symbolisch beschrieben werden kann. (Im siebenten Kapitel werden wir ein solches Verfahren vorstellen.) Ist dieses erfolgt, dann kann die fünfte Computergeneration hieraus *automatisch* ein Programm machen!

Ein Darstellen der Lösungslogik war bisher nicht üblich, da das Verfahren, wenn überhaupt bekannt, ohne Computerhilfe zu umständlich ist. Bei älteren Programmen gibt es auch keine aktuelle Ablaufbeschreibung: Die »Programmdokumentation« ist schlecht. Es ist daher äußerst schwierig, die logische Lösung aus einem alten Rechnerprogramm zu entwickeln, aber grundsätzlich möglich. Auch hierzu wurden maschinelle Hilfen geschaffen. Während auf diese Weise versucht wird, die zugrundeliegende Logik darzustellen, können nach neuesten Gesichtspunkten Änderungen an dieser Logik angebracht werden, so daß gleichzeitig der Programmbestand modernisiert wird. Wie wir sehen, ist es hiermit doch möglich, die Nichtkompatibilität mit existierenden Programmen zu überspielen.

Die monokausal orientierten Spezialisten neigen dazu, das kühne Projekt der fünften Computergeneration in seiner Bedeutung herabzumindern: »Die Japaner kochen auch nur mit Wasser« und »es gibt keine Patentlösung« sind oft gehörte Diskussionskiller.

Demgegenüber haben Fachleute, die seit Jahren die Grundlagen für das Herstellen leistungsfähiger Software erarbeiten, schon seit langem einen Computeraufbau gefordert, der dem menschlichen Denken und Schlußfolgern entgegenkommt, den sogenannten »Softwaregerechten Computer«. Sie finden in der fünften Computergeneration eine Entwicklung, die diese Forderung endlich realisiert. Die Japaner kochen keinesfalls nur mit Wasser und es gibt eine ganze Reihe von vielfach einsetzbaren »Patentlösungen«, die z. T. schon auf bestimmten Gebieten große Fortschritte gebracht haben. Die Vielfachverwendbarkeit hätten die monokausal Denkenden nie entdeckt! Beispiel: Bei der maschinellen Sprachanalyse stellt sich heraus, daß bis zu 80 % der Lösung des Problems gemeinsam für natürliche Sprachen, logische Sprachen, Computersprachen, Übersetzungsprobleme, Datenbankprobleme etc. sind. Nur die letzten 20 % müssen individuell für das betreffende Spezialgebiet entwickelt werden. Wir nennen dies das »Prinzip des multiplen Nutzens«, das verhindert, daß sehr teure Entwicklungen parallel, manchmal gänzlich ohne Kenntnis voneinander laufen, die alle sehr viel Geld kosten und zu unterschiedlichen technischen Lösungen mit allen daraus resultierenden Nachteilen führen.

Mit der fünften Computergeneration wird der Übergang von der Datenverarbeitung zur *Wissensverarbeitung* vollzogen. Symbolische, sprachliche und bildhafte Informationen werden interpretiert und miteinander verknüpft. Der Computer kann dann mit den Methoden der künstlichen Intelligenz sinnvolle Beziehungen zwischen derartigen Informationen herstellen und mit Hilfe des gespeicherten Wissens Probleme aus genau definierten Bereichen selbständig bearbeiten. Besonderes Kennzeichen der fünften Generation ist ihre Fähigkeit, in *natürlicher Sprache* über Tastaturen oder akustisch eingegebene Anweisungen zu »verstehen« und diese *automatisch* in maschinengerechte Steueranweisungen umsetzen zu können. Dieses soll, um eine reibungslose internationale Expertenzusammenarbeit zu ermöglichen, auch in mehreren, gegenüber der Japanischen fremden natürlichen Sprachen möglich sein. Der Benutzer benötigt dann keine speziellen Programmierkenntnisse mehr. Um derartige Computerleistungen zu ermöglichen, müssen auch bei der Hardware neue Aufbauprinzipien, neue »Architekturen« gefunden werden. Während bei der bis heute üblichen sogenannten »Von-Neumann-Architektur« die Daten einzeln nacheinander aus den Massenspeichern (meist Magnetband oder -platte) abgerufen, in den Arbeitsspeicher der Recheneinheit gebracht, bearbeitet und wieder in den Massenspeicher zurückgebracht werden mußten, werden bei der fünften Generation möglichst viele dieser bisher seriell ablaufenden Schritte gleichzeitig nebeneinander (parallel) ausgeführt: Die Daten werden gleich in den (neuartigen) Massenspeichern bearbeitet und müssen hierzu nicht mehr in eine Recheneinheit gebracht werden, die es im übrigen auch gar nicht mehr gibt: Sie wird ersetzt durch eine Anzahl rechnender Module, die der intelligente Computer je nach benötigter Rechenkapazität den parallel ablaufenden Problemlösungsaufgaben zuteilt. Wie er das – je nach Art der Aufgabe – tun soll, entnimmt er einem oder mehreren der gespeicherten Expertensysteme.

Die wechselseitigen Beziehungen zwischen den Schnittstellen zum menschlichen Anwender, der Architektur-Bestandteile untereinander und zu den Maschinen der vierten Generation zeigt die Abb. 5.1, eine Darstellung, die weltweit bekannt wurde und die sich auch in Prof. Moto-okas Zusammenfassung aller Vorträge, die anläßlich der Vorstellung der fünften Generation im Oktober 1981 gehalten wurden, befindet. (Moto-oka, T. (Hrsg.), Fifth Generation Computer Systems. North-Holland, 1982). Ins Deutsche übersetzt und in übersichtliche Form gebracht, entnehmen wir sie der Siemens-Fachzeitschrift data report, 18 (1983) Heft 5.

Was wollen die Japaner nun mit dieser neuen Computergeneration anfangen? Können wir von dieser Entwicklung profitieren? Oder sind die Japaner, ihre Probleme und ihre Lösungsvorschläge doch zu fremdartig? Sicher ist in Japan vieles anders als in der westlichen Welt. Je nach Spezialisierung und Interessenlage sehen die Japan bereisenden westlichen Gruppen die dort typische Entwicklung unterschiedlich. Einigkeit scheint darüber zu bestehen, daß die Japaner einen ausgeprägten Hang zum Perfektionismus haben und daher auch vieles nach einem festgelegten Ritus abläuft: Wir alle kennen z. B. die Teezeremonie und aus der Samuraizeit den komplizierten, genau festgelegten Ehrbegriff und den bis ins Detail vorgeschriebenen Ablauf des Harakiri.

Andere japanische Eigenschaften können durch Erkenntnisse erklärt werden, die aus der modernen Biokybernetik stammen, in die Frederic Vester in seinem Hauptwerk »Neuland des Denkens« sowie in seinem neuaufgelegten kleinen Büchlein »Ballungsgebiete in der Krise« Laien verständlich, auf äußerst packende Weise einführt (Prof. Dr. Frederic Vester, Dozent an der Bundeswehrhochschule München, »Ballungsgebiete in der Krise«, erschienen im dtv-Verlag, 1983). Danach führt das durch die Überbevölkerung hervorgerufene enge Zusammenleben zu einem »Dichtestreß«, der bewirkt, daß sich kleine organisierte Bereiche bilden, die wiederum Bausteine für größere Gruppen sind, die auf der *gleichen* Organisation beruhen, wie z. B. die japanischen Gewerkschaften. Ein weiteres Beispiel ist das zentralisierte Ausbildungs- und Schulsystem, das bis ins Detail überall in der japanischen Nation gleichmäßig ist. Dieses hat in bezug auf unser Schwerpunktthema, den Computer- und Robotereinsatz, zur Konsequenz, daß in allen Schulen auf die gleiche Art und Weise mit fast identischen Geräten derselbe Stoff gelehrt wird, so daß bereits die Kleinsten in gewissem Sinne indoktriniert und motiviert der Computerwelt anders gegenüberstehen, als dieses in westlichen Ländern üblich ist.

Aber hören wir uns einmal an, wie sich die Japaner selbst dem »Ausland« gegenüber sehen: Einer der »Program Chairmen« jener denkwürdigen internationalen Konferenz über die Computersysteme der fünften Generation, die im Oktober 1981 in Tokio stattfand, stellt folgende drei Tatsachen heraus, die seiner Ansicht nach Japan einen »unehrenhaften Ruf« eintragen könnten:

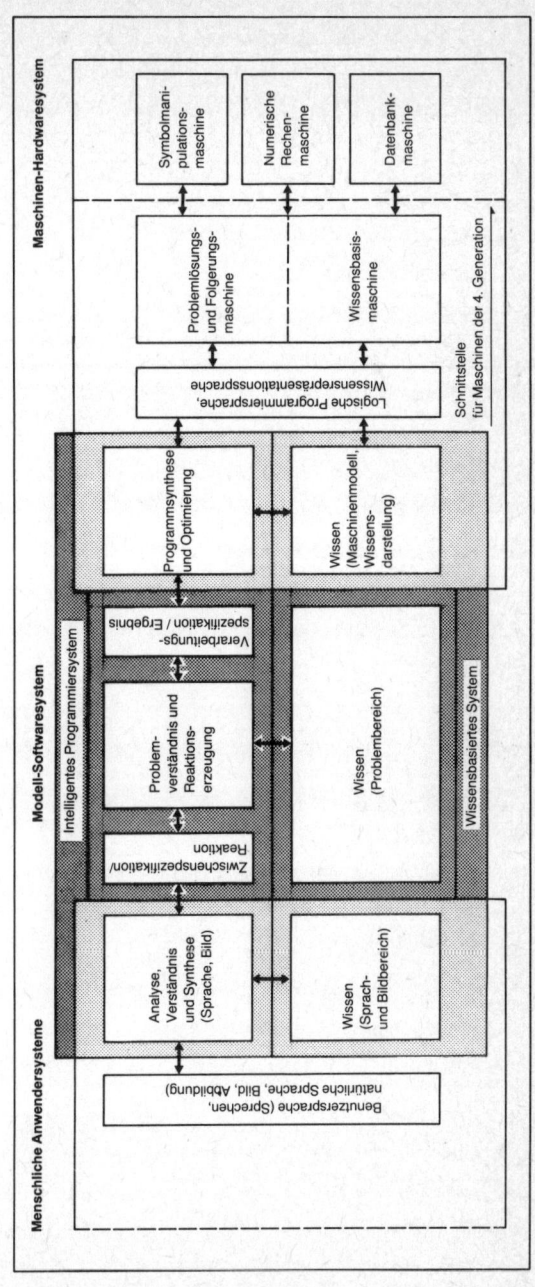

Abb. 5.1

1. Was die Japaner denken, ist anderen nicht verständlich.
2. Japan strengt sich nicht an, um Informationen über das dort vorhandene Know-how für die Benutzung in aller Welt zur Verfügung zu stellen.
3. Der Japaner ist zu scheu, um seine Meinungen und Ideen auszusprechen und stört dadurch die Atmosphäre einer Zusammenkunft.

Um dem abzuhelfen, fordert er z. B. von der fünften Generation die Fähigkeit, fremde Sprachen zu verstehen und zu sprechen und dadurch die Sprachbarrieren abzubauen. Er fordert die japanische Regierung auf, insbesondere die maschinelle Übersetzung zu fördern, um durch Sprachbarrieren hervorgerufene internationale Konflikte zu vermeiden. Die sich im schnellen Aufbau befindlichen weltweiten Datenübertragungsnetze werden hierbei behilflich sein.

Sprachanalyse, Sprach-Ein- und Ausgabe in den Computer und das Problem der Übersetzung standen in Japan schon seit vielen Jahren im Mittelpunkt des Interesses: Japanische Schreibmaschinen sind in Wirklichkeit schwerfällige Setzmaschinen, die mit einigen tausend Zeichen der traditionellen Schrift fertigwerden müssen. Wir können uns vorstellen, welches Problem deswegen Japan grundsätzlich mit Tastaturen hat. Das Bestreben, eine stark vereinfachte Schrift einzuführen, hatte vor einigen Jahren mit der Entwicklung der Kanji-Schrift Erfolg. Für diese Umwandlung aus der traditionellen in die Kanji-Schrift (und umgekehrt!) gibt es in Personalcomputern bereits einen integrierten Mikroprozessor, den man genialerweise auch separat, als Taschengerät, für 150

Dollar kaufen kann. Er hat ein zweimal Streichholz-schachtel-großes Sichtfenster und eine vierzeilige kaum größere Tastatur als unsere alphabetaufnehmenden Taschenrechner. Auf dieser Tastatur sind in stilisierter Form die senkrechten, waagerechten und schrägen »Pinselstriche« angebracht, aus denen beim »Schreiben« mit dem Tuschepinsel die traditionellen Schriftzeichen komponiert werden. Im Sichtfenster des kleinen Gerätes entsteht etwas mühsam und langsam das traditionelle Schriftzeichen durch Drücken der entsprechenden Tasten anstelle des Malens mit dem Pinsel. Der eingebaute Mikroprozessor prüft, welches traditionelle Zeichen durch diese imperfekte Darstellung gemeint sein könnte und bietet die wahrscheinlichsten zur Auswahl an. Das gemeinte Schriftzeichen kann durch Knopfdruck definiert werden, woraufhin im Sichtfenster das entsprechende Kanji-Schriftzeichen erscheint. Das kleine Gerät zeigt sogar, in welcher Reihenfolge die Formelemente dieses Zeichens beim Hinschreiben von Hand zu machen sind. Zusätzliche Erklärungen über die Bedeutung werden angezeigt. Das ganze funktioniert auch andersherum: Der Benutzer gibt das Kanji-Schriftzeichen ein und erhält Information über die traditionellen Schriftzeichen und ihre entsprechende Bedeutung. Das kleine Gerät (etwa brieftaschengroß) ist in großen Stückzahlen im Gebrauch. Trotz dieses »Ausweges« wird die Spracheingabe mit Nachdruck betrieben, wobei der Zustand des intelligenten Verstehens des semantischen Inhalts durch die Maschine bereits gegen Ende dieses Jahrzehnts realisiert werden soll.

Wir haben hier ein schönes Beispiel mehrfachen Nutzens: Der gleiche kleine Mikroprozessor, der heute bereits in dem kleinen Schulungsgerät verkauft wird, findet sich später in unveränderter Form wieder in den größeren Rechnern der fünften Generation und ermöglicht diesen Maschinen das Lesen von alten und neuen Schriften.

Die unter Moto-okas Projektleitung Arbeitenden wollen nicht nur das Entwicklungsziel bis 1990 erreichen, sondern sind optimistisch genug zu erwarten, daß in den Jahren ab 1990 die Computersysteme der fünften Generation *weitverbreitet im Einsatz sind!* Um nicht Gefahr zu laufen, Moto-okas Zielvorstellungen durch eine europäische Brille zu sehen und damit vielleicht zu verfälschen, halten wir es für richtig, im folgenden zunächst *Moto-okas eigene Worte* und Formulierungen wiederzugeben. Er sagt:

1. »Die Beschreibung der für Japan *wünschenswerten* Gesellschaftsform zehn Jahre in der Zukunft ist *nicht* eine Voraussage, sondern das gewünschte, erstrebenswerte Erscheinungsbild, das ›Muster‹ (›Pattern‹) von Japan. Den Ausgangspunkt, das gegenwärtige soziale ›Muster‹, kennen wir. Durch eine Analyse des Weges vom bekannten Status quo zum gewünschten ›Muster‹ (= Modell) ist es möglich, eine Vielzahl von Engpässen und Flaschenhälsen zu erkennen, die auf dem Weg zu der gewünschten Gesellschaftsform in den nächsten zehn Jahren überwunden werden müssen. Statt Flaschenhals könnte man auch »soziale Erfordernisse« sagen. Die wichtigsten Punkte sind folgende:«

2. »Obwohl die Produktivität in den *Sekundärindustrien* durch die Einführung von Automation, mit Hilfe von Industrierobotern und computergesteuerter Disposition der Ressourcen erheblich gesteigert werden konnte, blieb die Produktivität in den *Primärindustrien*, wie Ackerbau, Viehzucht und traditioneller Fischfang und in den *Tertiärindustrien* wie Güterverteilung, Medizin, Schulung, öffentliche Dienste unverändert. Dieses hat ein gravierendes soziales Ungleichgewicht hervorgerufen. Während die Preise für beispielsweise Automobile ca. 30 % stiegen, sanken in anderen Bereichen wie Fernsehen, Photokameras, Armbanduhren die Preise um mehr als 50 %. Im Bereich der dienstleistenden Industrien haben sich die Preise in Japan auf das Drei- bis Fünffache gesteigert. Für den Preis eines Abendessens in einem guten Restaurant könnten wir uns bereits eine ganze Anzahl elektronischer Rechner kaufen. Insbesondere sollte die Produktivität in folgenden Breichen gesteigert werden: Büro, Technischer Entwurf und Planung, Landwirtschaft und Fischerei, Medizin, Erziehung, öffentliche Dienste, Regierung.«

3. »Ebenso wie die Bundesrepublik Deutschland ist Japan arm an Lebensraum und Bodenschätzen. Japan kann eine Autarkie auf dem Gebiet der Lebensmittel nicht erreichen und Japans Fähigkeit der Selbstversorgung mit Energie und Öl ist die niedrigste unter allen Industriestaaten. Japan verfügt jedoch über viele hochgebildete, fleißige, qualifizierte Arbeitskräfte. Dieser Vorteil soll genutzt werden für die Kultivierung der »Information«

selbst als neuer Rohstoff, vergleichbar mit Lebensmitteln und Energie. Ein derartiger Effekt würde nicht nur unserem Land im internationalen Wettbewerb helfen, sondern uns in die Lage versetzen, international durch Hergabe wissensintensiver Technologie zum Fortschritt beizutragen.«

4. »Neben der Verwirklichung aller Maßnahmen zur Minimierung und gleichzeitigen Optimierung des Energieverbrauches muß eine bedeutende Verbesserung des Wirkungsgrades bei der Energieumwandlung stattfinden. Durch fortschrittliche Computertechnologie müssen Simulatoren zur Entwicklung neuer Energiequellen entstehen. Schließlich soll das industrielle System selbst in eine wissensintensiv arbeitende Informationsindustrie umgewandelt werden, die typischerweise nicht energieverbrauchend ist.«

5. »Unsere Gesellschaft altert in einem bisher nicht dagewesenen Maße. Das schnelle Ansteigen der Kosten für medizinische Versorgung und soziale Fürsorge kann zu großen sozialen Problemen führen. Die niedrigen Geburtenraten und die hochgradige Ausbildung spielen hier eine Rolle: 96 % der Mittelschüler absolvieren die Oberschule. Die durchschnittliche Lebenserwartung eines neugeborenen Babies ist z. Zt. 74 Jahre. Die Nutzung der fünften Computergeneration wird zur Entwicklung eleganter und rationeller Systeme des Gesundheitsmanagements und der hiermit verwandten Bereiche führen. Systeme für das Einsatzmanagement und für die *lebenslängliche Weiterbildung werden auch für die Alten notwendig.*

Hierzu gehören auch die Entwicklung von Systemen für die Behinderten sowie die Bildung von verteilten Verarbeitungssystemen, die Heimarbeit fördern.«

In Japan wurde von der Regierung ergänzend viel getan, um den Computer populär zu machen und die Bevölkerung auf die Informationsgesellschaft vorzubereiten: Bereits vor mehr als zehn Jahren wurden von der Industrie beantragte Projekte nur dann staatlich gefördert, und zwar kräftig, *wenn hiermit ein überzeugender Nutzen für den Normalbürger erreicht werden konnte.* Beispiel hierfür ist die Vernetzung der computerisierten Bibliothekssysteme der japanischen Hochschulen. Jeder Student, jeder Industriemitarbeiter kann sich im Dialog jeden beliebigen Auszug aus der gespeicherten Literatur in wenigen Minuten beschaffen. Ein weiteres Beispiel: Japan verfügt über das dichteste Banken-Computernetz der Welt. Auch dieses Projekt wurde nur gefördert, weil dadurch jedermann an jeder Bank bargeldlos Transaktionen vornehmen oder sich Bargeld auszahlen lassen kann. Obwohl das Umgehen mit persönlichen Schecks in Japan nicht üblich war, ist heute für jedermann die automatische Abwicklung jeder Art von Geldverkehr durch den Computer eine natürliche Sache.

Schlüssel und Initialzündung zu dem geplanten Fortschritt ist die entscheidende Produktivitätserhöhung in der *Sekundärindustrie.* Die menschenleere Fabrik ist das erklärte Ziel! Der Einsatz der 5. Generation und der durch sie ermöglichten intelligenten Industrieroboter in der Sekundärindustrie soll die Quelle des Kapitals sein, das für die Weiterentwicklung der fünften Generation benötigt wird. Bis zu den 90er Jahren soll in Japan die Menge der eingesetzten Roboter auf mindestens das Zehnfache gesteigert werden. Die Initiative für die Entwicklung hochintelligenter Roboter und deren möglichst schleunige Einführung muß *zunächst* bei der Industrie liegen, die hierfür finanzielle Hilfe des Staates bekommt. Die hierbei zu erzielenden hohen Gewinne sollen zur *Schaffung neuartiger Jobs* und der Weiterentwicklung der fünften Generation für die Primär- und Tertiärindustrie reinvestiert werden. In der Primärindustrie entstehen neue Arbeitsplätze durch Anwendung neuer Technologien, bei der Wettervorhersage und bei der Suche nach natürlichen Ressourcen, beim Recycling und bei der Rationalisierung der Verkaufswege. In der Fischerei und der Forstwirtschaft muß die Technologie der Überwachung der natürlichen Reserven und der Kultivation auf eine höhere Ebene gehoben werden. Andere Wege bei der Umstellung der derzeitigen Landwirtschaft auf die neuen, mit Netzen arbeitenden naturähnlichen Vorgehensweisen, die die bisherigen industriellen Verfahren ablösen, können bis zur Lebensmittelautarkie führen. Der Versorgungskanal vom Bauernhof bis zum Endverteiler wird entscheidend rationalisiert, dezentralisiert und verbilligt werden. Mehr als die Hälfte der arbeitenden Bevölkerung ist heute in der Tertiärindustrie beschäftigt. Die Verbesserung der Produktivität auch dieses Bereiches ist von größter Bedeutung für das Anwachsen der japanischen Wirtschaft.

Es wird besonders betont, daß mit den »neuen naturähnlichen Vorgehensweisen« die Anwendung der neuen, inzwischen industrie-erprobten Planungs- und Steuerungstechnologien gemeint ist und nicht etwa eine »Industrialisierung«.

Japan lädt die Experten der Welt zur Mitarbeit an diesem Projekt ein und ist bereit, sein Know-how zur Verfügung zu stellen. Gleichzeitig soll aber versucht werden, eine Führungsposition in denjenigen Spezialitäten zu erreichen, die »auf Japan genau passen«. Hierzu zählen vor allem der Schiffbau, die Elektronik und der Präzisionsmaschinenbau.

6. Kapitel:
»Japan ist nicht Deutschland«.
Eine Killerphrase!

Japan ist nicht Deutschland. Richtig! Aber Frankreich, die USA, Arabien, Palästina sind auch nicht Deutschland. Trotzdem trinken wir französischen Wein, kochen nach französischen Rezepten, führen französische Opern auf. (Einige benehmen sich sogar noch nach französischer Etikette!) Aber Frankreich sei auch »Europa«? Aus den USA übernehmen wir Technologien, fliegen amerikanische Flugzeuge, kopieren die gesamte hierfür benötigte Infrastruktur. Wir übernehmen die Supermärkte mit ihren riesigen Parkplätzen und Einkaufsstrategien, die den Zweitwagen für die Hausfrau erfordern. Vom Scheckverkehr bis zur Kreditkarte, vom Kaugummi bis zum Walkman, leider auch von den Spielautomaten bis zum organisierten Verbrechen sind wir bald amerikanischer als die Amerikaner. – Aber die USA seien auch »der Westen«?

Von den Arabern übernahmen wir das Ziffernsystem. Wir schreiben die *arabischen* Ziffern *1* bis *9* (im Gegensatz zu den *römischen)* und die *Null,* jene Basisinnovation, die das Dezimale System und die mathematische Entwicklung überhaupt erst ermöglichte. Der arabische Mathematiker Alchwarizmi stand Pate für das Wort »Algorithmus«. Unsere heutige, ohne Mathematik nicht denkbare Zivilisation verdanken wir den Arabern! Aber das sei nur *eine* Spezialwissenschaft?

Haben wir denn vergessen, daß die Wiege des Christentums in Palästina stand? Unsere Heilslehre, die Basis unserer Ethik, unserer Gesetzgebung, Richtschnur dessen, was sogar unter Haeretikern als »anständig« gilt, stammt aus dem vorderen Orient! Fremdartigkeit in Wesen und Lebensweise der Urheber neuer Ideen ist noch nie ein Grund gewesen, diese nicht anderswo aufzugreifen und sich anzupassen! Trotzdem ist die Zahl derjenigen, denen es gelingt, mit dem Hinweis »Japan ist nicht Deutschland« das Aufgreifen der dort entwickelten innovativen Vorgehensweisen zu verzögern, noch erstaunlich groß. Es ist kein Zufall, daß derartige Äußerungen fast ausschließlich aus den Kreisen der monokausal denkenden Spezialisten stammen, die ihre Position als Trendmacher gefährdet sehen.

In den vorangegangenen Kapiteln haben wir uns bemüht, die Vorgehensweise derjenigen zu verdeutlichen, die unsere Umwelt als vernetzte Systeme sehen gelernt haben und aus ganzheitlicher Sicht eine Vorgehensstrategie entwickeln: Die hierfür nötige Forschung, Entwicklung und Realisierung muß einige Schritte früher einsetzen, als das bisher der Fall war. Es zeigt sich, daß sehr viel Geld, sehr viel Zeit, aber auch viel durch unvorhergesehene Nebeneffekte entstehende Frustration und Gefahr eingespart werden können, wenn zunächst erforscht wird, wie das Problem: »Probleme lösen« generell am zweckmäßigsten praktiziert wird. Hierfür sind eine Reihe von einfach anzuwendenden computergestützten Verfahren entwickelt worden, deren Anwendung unter dem Begriff »Planung« zusammengefaßt wird. Da in diesem Bereich die Mehrzahl der neuen Berufe zu finden sind, müssen wir uns näher mit diesem Thema beschäftigen. Das Wort »Planung« löst bei einer Vielzahl von Menschen Beklemmungen aus, da hierbei meist an die mit bisherigen Mitteln nicht funktionierende »Verplanung von Menschen und Ressourcen« gedacht wird, wie sie im Osten, aber zur Genüge auch im Westen praktiziert wird. Der Bürger fühlt sich dadurch vergewaltigt, in der persönlichen Freiheit beschnitten und in Tätigkeiten gepreßt, die er nicht will.

Wir wollen demgegenüber unter »Planung« das Herstellen aufbereiteter, vom Besteller unmittelbar anwendbarer Information verstehen, die dem Besteller *vorschlägt*, wie er bei der Lösung *seines* Problems zweckmäßigerweise vorgeht. Hierbei wird genau dargelegt, welche logische Schlußkette zu der vorgeschlagenen Lösung geführt hat und was alles hierbei berücksichtigt wurde. Moto-oka meint so etwas, wenn er von der Information als »Ware, Handelsgut oder Erzeugnis« spricht: Nicht das heute praktizierte Anbieten von Strömen von Einzelinformationen, die uns lawinenhaft überschwemmen und mit denen wir nichts anfangen können, sondern das aus derartigen Informationen abgeleitete und je nach individueller Problemstellung *aufbereitete, sofort praktisch anwendbare Beratungspaket!* Hierbei ist nur die »nachvollziehbare« Schlußkette logisch »zwingend«. Sonst wird niemand gezwungen, die vorgeschlagene Methodik auch anzuwenden.

Aber sehen wir uns einmal an, was denn wirklich an diesem von Experten in aller Welt anerkannten mutigen Projekt an Prinzipiellem so japanisch sein soll, daß es in der Bundesrepublik nicht durchführbar ist. Abb. 6.1 stammt aus dem Jahr 1972. Die Entwicklungsgruppe des Autors berichtete in der firmeninternen Schriftenreihe »Perspektiven« in der Nummer 2/71 über ihre prinzipielle Vorgehensweise: »Sicherheit für morgen aufgrund testbarer Modelle von heute.« Unter Verweis auf die natürliche Evolution, die aus einem gemeinsamen Vorfahr die Affen einerseits und den Menschen andererseits entwickelte, wurde dargestellt, daß bestimmte Themen oder Probleme von interdisziplinär zusammengesetzten Teams diskutiert und schließlich mit einer großen Anzahl potentieller Anwender durchgesprochen werden. Es wird dann der gewünschte, in drei bis fünf Jahren zu erreichende Zustand formuliert und, mit Mitteln der Technik von heute, ein funktionierendes testbares Modell realisiert. Es hieß dann weiter: »Bei der Entwicklung des Modells werden gewisse Hindernisse auf dem Realisationsweg ignoriert. Das fertige Modell kann eingehend geprüft und beurteilt werden. Es liefert entweder die Motivation für die Beseitigung der Hindernisse oder weist den Weg über die Hindernisse hinweg. Die Entwicklung der für die allgemeine Praxis bestimmten Version erfolgt dann auf dem hierdurch zukunftssicheren ›Ast‹. So wird verhindert, daß die Entwicklung aufgrund unvollkommener, nicht genügend gesicherter Ansätze in den ›Affenast‹ gerät, von dem leider kein Schwenk aus dieser Sackgasse auf den zukunftsträchtigen ›Homo-sapiens-Ast‹ möglich ist. Man müßte alles verschrotten und einen neuen Ansatz suchen.«

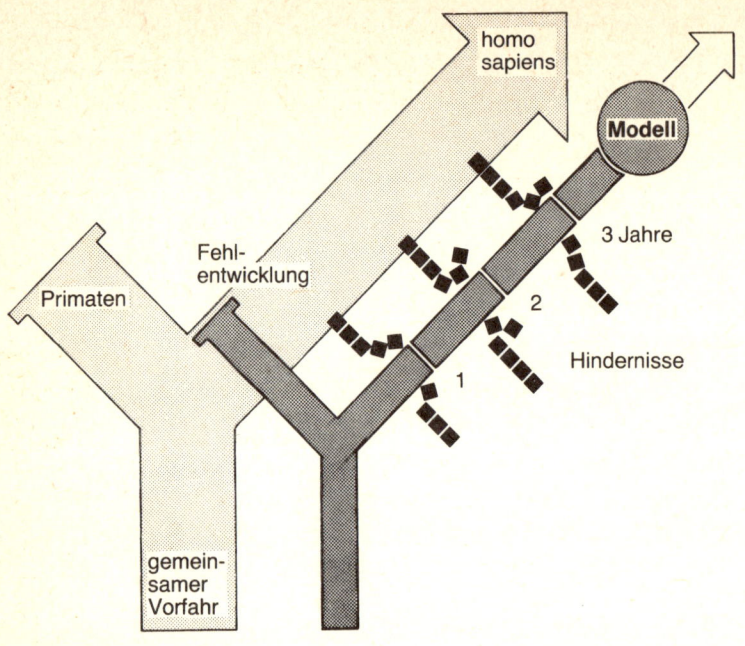

Abb. 6.1

Wir hatten bereits damals die Parallele zur natürlichen Evolution ebenso im Auge wie die Abkürzung der Lebenszeit einer Technologie von fünf auf drei Jahre. Diese Vorgehensweise bei der Behandlung der Zukunft ist daher mit Sicherheit nicht »japanisch«.

Moto-okas Aussage, daß sich ein Industrieroboter bereits nach zwei Jahren amortisiert, ist ebenfalls nicht auf Japan beschränkt: Bereits 1981 weist die »Elektronische Zeitung« im Heft 4 auf zwei parallellaufende Studien hin, die vom Bundeskabinett an Ifo/ISI Infratest einerseits und an Prognos/Mackintosh andererseits vergeben wurden. In diesen Studien soll beantwortet werden, welche Bereiche aufgrund technischer Veränderungen Auswirkungen auf Arbeits-

104

plätze verspüren werden, welche wirtschaftlichen Anpassungsprozesse in Gang gesetzt werden müssen, welche Reaktionen der Betroffenen und welche Auswirkungen davon auf die Struktur der Branchen erwartet werden, welche Konsequenzen sich für den weiteren technischen Fortschritt ergeben, welche gesamtwirtschaftlichen Veränderungen und welche Einflüsse auf den Arbeitsmarkt und das Bildungssystem zu erwarten sind. Beide Studien sind inzwischen im ECON-Verlag, Düsseldorf, erschienen. Die Arbeiten beschreiben die Entwicklungstrends einzelner Wirkungsfaktoren. Sie stellen ein umfangreiches Basismaterial für Gremien dar, die hieraus erst Strategien und Vorgehensweisen entwickeln sollen. Ein Unterfangen, das ohne Anwendung der die Vernetzungen berücksichtigenden neuen Planungsverfahren nicht gelingen kann.

Beide Studien machen zum Entwicklungstrend des Wirkungsfaktors »Industrieroboter« folgende Aussage: *Es wird angenommen, daß sich ein zweckmäßig eingesetzter Industrieroboter in anderthalb bis zwei Jahren amortisiert,* »vorausgesetzt, die erforderlichen Rationalisierungsmaßnahmen in bezug auf Materialeinsatz, Materialfluß, Arbeitskräfteeinsatz, Organisation usw. werden entsprechend abgestimmt«. Die Nutzungsdauer eines Roboters betrage fünf bis sieben Jahre.

Der erste programmierbare Rechner der Welt war Zuses mechanischer Relaisrechner. Während der letzten Kriegsjahre wurde an der Technischen Hochschule von Zuse und Dr. Schreyer die Umstellung auf »elektronische Relais« mit einem heute noch modern zu nennenden Speicherprinzip betrieben.

Das Kriegsende setzte den Schlußstrich unter diese Tätigkeit. Am Anfang stand also *deutscher* Erfindungsgeist. Ein Kontrollratsbeschluß verbot den Deutschen, sich weiter mit Rechengeräten zu beschäftigen, ein Beschluß, der erst 1956 wieder aufgehoben wurde. Inzwischen wurde der klassische Computer in Amerika entwickelt und in mehreren Generationen anwendungsreif gemacht.

Amerika war auch die Wiege der künstlichen Intelligenz. Amerika baute die ersten programmierbaren Werkzeugmaschinen, die ersten Roboter.

Die Reihe läßt sich beliebig fortsetzen bis in die verwendeten Computersprachen oder bis zum Einsatz des Petrinetz-Systens, eine Entwicklung des deutschen Dr. Petri, Mitarbeiter der GMD (Gesellschaft für Mathematik und Datenverarbeitung, St. Augustin), einer verlängerten Werkbank des BMFT (Bundesministerium für Forschung und Technologie).

Was bleibt denn nun übrig an spezifisch Japanischem? Vielleicht die Tatsache, daß dort die Regierung nur dann massiv finanziert, wenn der unmittelbare Nutzen für den Normalbürger nicht nur berücksichtigt, sondern baldigst möglich herbeigeführt wird. Sollte dieses eine typisch japanische Vorgehensweise sein, so möchten wir sehr stark propagieren, derartiges auch in Deutschland einzuführen.

Oder ist es das Planungssystem? Es ist keine Sophisterei, wenn wir darauf hinweisen, daß die Entwicklung einer *generell gültigen* Vorgehensweise beim Entwickeln eines Problemlösungssystems den gesamten Planungsbereich wertfrei macht, d. h. die Planung ist nicht mehr davon abhängig, *was* geplant wird und was das Planungs*ziel* ist. Infolgedessen kann auch nicht die Planung, sondern nur das Planungsziel ggf. »japanisch« sein. Für unsere Belange muß es natürlich »deutsch« sein. Ebenso, wie Moto-oka ein Modell des in zehn Jahren gewünschten Japan macht (»a pattern of Japan«), machen wir ein Modell von Deutschland (»a pattern of Germany«). Wie machen wir das und wer finanziert das?

Bevor wir auf die Vielzahl der für alle Betroffenen bereitstehenden neuen Berufe, die großenteils zunächst Anlerncharakter haben, eingehen, wollen wir uns von unserem neuen Bekannten, dem Roboter, verabschieden. Wir werden uns nun mit dem neuen Produkt, der *aufbereiteten Information* beschäftigen, wobei diejenigen Berufe, die mit dem Vertrieb, dem Einsatz und der Verbreitung dieser neuen Ware in unmittelbarem Zusammenhang stehen, den Vorrang haben werden.

Wenn ein Roboter sich nach anderthalb bis zwei Jahren amortisiert und eine demgegenüber dreifache Lebensdauer aufweist (wir neigen zu der Ansicht, daß der baukastenmäßige (»modulare«) Aufbau des Roboters dazu führen wird, die Lebensdauer wesentlich zu verlängern), so »verdient« er nur noch für den Rest seiner Lebenszeit. Was geschieht mit diesem Geld? Zunächst einmal die näherliegende Frage: *Wo* bleibt es? Der Löwenanteil wird im Betrieb reinvestiert und nur derjenige Teil, der nach Anwendung aller buchhalterischen Möglichkeiten als Gewinn ausgewiesen werden muß, entsprechend besteuert. Diese Steuer fließt in die Kassen des Staates und wird wie die bisherigen Ressourcen des Staates verwendet.

Wir bitten den Leser, sich zunächst auf einen neutralen Standpunkt zu begeben: Wir sind der Ansicht, daß diese Mittel zunächst in der Hand *der* Fachleute bleiben sollten, die sich durch den Robotereinsatz ein erhebliches ganzheitliches Know-how erworben haben. Bei Fortdauer des Status quo würde die Industrie zusätzliche Gewinne kaum in Fertigungsstätten investieren, da die bisherigen bereits nicht ausgelastet sind. Die bisherige Praxis, derartige Liquiditätsreserven in Hochzinsländern anzulegen, hat zu den in den Tageszeitungen ständig diskutierten Schwierigkeiten bei der Verschuldung ganzer Länder und Regionen und zur Notwendigkeit geführt, den internationalen Währungsfonds aufzustocken. Die Industrie kann andererseits auch nicht zulassen, daß die Bürger wegen steigender Arbeitslosigkeit und geringeren Verdienstmöglichkeiten als Kunden in zunehmendem Maß ausfallen und daß andere Betriebe wegen Auftragsmangels ihrerseits keine Zulieferbestellungen mehr aufgeben oder lieferunfähig werden, da die Einstandspreise nicht mehr verdient werden. Ein schönes Beispiel für die Vernetzung von Wirkungsfaktoren! In welcher Form wird also reinvestiert?

Zunächst muß folgendes finanziert werden: Wie wir gesehen haben, kann das Auftreten neuer Technologien völlig neue Situationen bei der Erledigung von Aufgaben schaffen. Wie wir ebenfalls wissen, ist damit zu rechnen, daß alle drei Jahre eine neue Technologie auftaucht. Robert Jungk weist darauf hin, daß es in naher Zukunft zu den selbstverständlichen sozialen Leistungen eines Betriebes gehören muß, den Mitarbeitern bei der Einstellung zuzusichern, sie unmittelbar nach Bekanntwerden einer neuen Technologie hierin auszubilden. Nur Betriebe, die derartige Verpflichtungen übernehmen, werden gute motivierte Mitarbeiter bekommen.

Robert Jungk nennt dieses periodische Umschulen »Andersarbeit«. In der Wirtschaftswoche Nr. 29 vom 15.7.83 schreibt der weltweit renommierte Prof. Karl W. Deutsch, Direktor des Wissenschaftszentrums Berlin: »Während in Zukunft der Anteil der informationsverarbeitenden Berufe steigt, wird sich auch die Einstellung zum Lernen ändern. Es wird sich der Grundsatz durchsetzen, daß Lernen Arbeit ist. Wenn jemand in der Fabrik heute zwei Kupferdrähte miteinander verlötet, heißt das Produktion, er schafft Werte. Wenn hingegen jemand in einer Schule oder im Laboratorium eine Verbindung zwischen zwei grauen Nervenzellen in seinem Gehirn herstellt, nennt man das nicht Arbeit, sondern Erziehung, so als ob damit keine vergleichbaren Werte geschaffen würden. Aber wir werden irgendwann merken, daß informationserzeugende Verbindungen ganz verschiedener Art ein grundlegender Wert sind. Zugleich wird der Wert der Ergänzung oder Erneuerung einer Ausbildung steigen, denn immer mehr Berufe veralten immer schneller.«

Was ist nun die erste neue Technologie, die den Mitarbeitern vermittelt werden muß? Beim Versuch, dieses verständlich und plausibel darzustellen, geraten wir in die in Abb. 2.1 dargestellten Schwierigkeiten: Die Vorgänge und ihre logischen Schlußketten, die wir zur Begründung zitieren müssen, laufen überlappend ab. Erst am Ende des nächsten, des siebenten Kapitels, wird der volle »Aha-Effekt« eintreten. Packen wir es an:

Die erste neue Technologie ist die *Planungstechnologie*! Im 2. Kapitel haben wir dargelegt, wo die Grenzen der Fähigkeiten der Industrieroboter liegen: Bevor der Roboter diese Fähigkeiten einsetzen kann, muß der *Mensch* planen, *was* er tun soll, *wann* und *in welcher Reihenfolge* er das tun soll, *wieviel* er tun soll. Bevor der Mensch dieses kann, muß er sicherstellen, daß er den Wunsch des Kunden richtig verstanden hat, daß es für den Kundenwunsch unter den jeweils gegebenen Umständen eine Lösungsmöglichkeit gibt (wir erinnern daran: mit Hilfe der Roboter gibt es heute Möglichkeiten, von denen man vor ein paar Jahren nur träumen konnte!). Er muß feststellen, ob die vorgeschlagene Lösung logisch richtig ist und unter allen Umständen das hält, was sich der Kunde von ihr erwartet. Ferner muß geprüft werden, ob das, was der Roboter nach seiner Programmierung herstellt, genau der geplanten Lösung entspricht und ob nicht durch eine falsche Einordnung dieser neuen Tätigkeit in das bestehende Pensum eines Roboters eine andere Produktion unzulässig verzögert wird.

Früher, als es noch keine Roboter gab, wurden diese Tätigkeiten vom Vorgesetzten des betreffenden Facharbeiters und dessen vorgeordneten Dienststellen in damals möglichem Rahmen vorgenommen. Heute müssen wegen der sehr viel größeren Produktivität und Flexibilität der Industrieroboter derartige Aufgaben in kürzerer Zeit für viel mehr unterschiedliche Produkte in erweiterter Form durchgeführt werden. Wir halten es daher für psychologisch günstig und sehr motivierend, den von der Automation betroffenen arbeitslos gewordenen Facharbeitern sagen zu können: »Ihr sollt jetzt das tun, was bisher Eure Vorgesetzten taten!« Aus zwei Gründen halten wir die Facharbeiter, deren Tätigkeit obsolet geworden ist, für besonders geeignet: Sie haben ihre bisherige Tätigkeit von der Pike auf gelernt und jahrelang ausgeübt. Sie kennen sie also sehr genau. Mit der Umschulung werden ihnen neue Verfahren beigebracht, die es bisher nicht gab. Sie wenden diese Verfahren ohne Vorurteil an, während die bisher nach traditionellen Gesichtspunkten Leitenden einem neuen didaktischen Element unterzogen werden müssen, dem »Entlernen«. Dieses »Entlernen« ist nicht etwa so etwas wie eine Gehirnwäsche oder eine Umdressur, sondern eine psychologisch behutsame Überzeugungsmaßnahme: Obwohl erst in jüngster Zeit praktiziert, ist die Idee hierzu recht alt und urdeutsch. Kein Geringerer als Goethe (!) war es, der bereits schrieb »man muß nicht nur wissen, sondern auch anwenden« und »wer Überholtes nicht vergessen kann, lernt nie etwas dazu«.

In den vorangegangenen Kapiteln dieses Buches brachten wir immer wieder Beispiele für die Schwierigkeiten, die dadurch entstehen, daß das Loslösen von althergebrachten Denkstrukturen nicht ein spontaner Vorgang ist, sondern der kleinen Zahl von Forschern und Entwicklern durch heuristische Erfahrungen in ihren innovativen Tätigkeitsfeldern zuteil wird. Erst mit den Methoden der künstlichen Intelligenz kann es gelingen, den nicht forschenden, sondern praktizierenden Personenkreisen in der heute gebotenen sehr kurzen Frist das Überbordwerfen alter Erfahrungen zu erleichtern. So ist es denn durchaus verständlich, wenn bei der im 3. Kapitel geschilderten Diskussion um die Einführung der NC-Maschinen die Entwickler des papierdünnen Spritzgusses – ihr Lebenswerk! – besonders vehement gegen die NC-Maschinen Stellung nahmen. Der weiteren Verbreitung des Spritzgusses in der Nachrichtentechnik durfte nichts entgegenstehen! Derart leichtgewichtige Teile würden für die Bearbeitung auf NC-Maschinen mit kostspieligen, stützenden Aufspannvorrichtungen versehen werden müssen, ohne die sie bei der hohen Bearbeitungsgeschwindigkeit durch NC-Maschinen anfangen würden, zu »flattern«. Dabei lag es gar nicht in der Absicht der Befürworter der NC-Maschinen, den Spritzguß abzuschaffen. Er sollte nur auf die wirklich großen Stückzahlen beschränkt werden. Nur Teile, die den »Break-Even-Point« nicht erreichen, sollten durch die NC-Maschinen aus dem gleichen Leichtmaterial »aus dem vollen gefräst werden«. (Break-Even-Point bedeutet hier diejenige Stückzahl, die verkauft werden muß, um den Aufwand für die Herstellung des Teiles wieder hereinzuspielen und in die Gewinnphase zu gelangen.) Die Spritzgußspezialisten konnten sich jedoch eine Fertigung gar nicht vorstellen, in der ihre Technologie zurückgedrängt und nur eine unter vielen Möglichkeiten war, die »Wehret-den-Anfängen-Mentalität.« Ein weiteres Beispiel: Die Radiatoren der häuslichen Zentralheizung, die »Heizkörper«, waren früher aus korrosionssicherem, langlebigem Gußeisen. Die sehr viel billigeren, aus geschweißten Stahlblechen hergestellten Radiatoren wurden als minderwertig und durchrostend verdammt. Das mag anfänglich auch richtig gewesen sein, bis Ende der 50er Jahre nicht-korrosionsempfindliche Stahlbleche und Schweißverfahren zur Verfügung standen. Der heute sehr flexible und diversifizierte Heizungsspezialist BUDERUS, der z. B. auch Wärmepumpen herstellt, versuchte in den 50er Jahren mit Millionenaufwand, den Siegeszug der geschweißten Stahlblechradiatoren zu verhindern oder zumindest aufzuhalten: Es wurde eine Werkshalle zur vollautomatischen Herstellung von Gußheizkörpern errichtet. Wer jemals in einer Formsandaufbereitung, einer Formerei, einer Gießerei und einer Gußputzerei gearbeitet hat, weiß, was das für einen Aufwand bedeutet. Er hat sich für die Firma BUDERUS damals nicht gelohnt.

Wir wollen nicht unterstellen, daß die Älteren, insbesondere die älteren derzeitigen Vorgesetzten nun plötzlich von Dummheit geschlagen sind. Aus eigener Erfahrung wissen wir jedoch, daß gerade diejenigen älteren Vorgesetzten, die sich in besonderem Maße ihrer Verantwortung gegenüber Mitarbeitern, Firma und Fachbereich bewußt sind, unter Zeitmangel leiden. Hinzu kommt der Tribut, den der Alterungsprozeß fordert: Jeder Betriebs- und Arbeitspsychologe wird bestätigen, daß ab einem Lebensalter von 35, 40 Jahren alle Werte, die bei Eignungstests gemessen werden, bereits wieder abnehmen. Hierzu gehört auch der Intelligenzquotient! Werte, die bei einem 50jährigen als »gut« bewertet werden, wären bei einem 25jährigen bestenfalls mittlerer Durchschnitt. Hierin ist sicher ein Grund zu sehen, weshalb Eignungstests, auch wenn sie sich durch langjährige Beobachtung als sehr aussagekräftig bestätigt sehen, von vielen älteren Führungskräften abgelehnt werden.

Diesem alterungsbedingten Effekt kann dadurch entgegengewirkt werden, daß ständig und methodisch Gedankenaustausch mit jüngeren, kreativen Mitarbeitern, auch in deren Eigenschaft als Berater gepflegt, deren neue Erkenntnisse in die eigene Arbeit einbezogen und jede Möglichkeit der Selbstweiterbildung ausgenutzt wird. Die neue Technologie der Know-how-Vermittlung tut dies auf äußerst rationelle Weise, wobei der Adressat, ohne es zu merken, zuerst das Lernen wieder lernt. Das Lernen wird sehr viel effektiver, beansprucht weniger Zeit, vermittelt als ausgewertetes Informationspaket nicht nur Wissen (englisch: knowledge), sondern das anwendungsfertige »gewußt, wie« (englisch: know-how).

Wir sind auf dieses Thema näher eingegangen, weil heute in großen soziotechnischen Kollektiven, wie z. B. dem Staat, die machtausübenden Strategiemacher überwiegend der Altersgruppe zwischen Ende 40 und Mitte 50 angehören. Eine Herabsetzung des Pensionsalters auf 58 Jahre scheint wahrscheinlich. Wir wundern uns darüber, daß für den Zeitraum nach der Pensionierung, den demnach auch die Machtausübenden in wenigen Jahren erreichen, von diesen selbst kaum Positives, dafür aber ein erhebliches Maß von Negativem wie z. B. das Kürzen oder Nichterhöhen von Renten, Besteuerung der Renten, Wegfall bescheidener Privilegien sogar bei Schwerkriegsbeschädigten, die ihre Gesundheit dem Staat geopfert haben, für diese Altersgruppe vorgesehen werden. Diese Si-

114

tuation läßt nur drei Schlüsse zu: Entweder wird nur über eine unzulässig kurze Zeitspanne vorausgedacht oder die derartiges Planenden sind a priori gut versorgt oder sie wenden diese Regelungen gar nicht auf sich selbst an.

Zugegeben, es ist manchmal schwer, sich in Situationen hineinzudenken, in die man selbst nie geraten wird (z. B. als lebenslänglich sicher versorgter Beamter). Für den Politiker kommt noch hinzu, daß ohne Anwendung der neuen Methoden Akzeptanz, praktische Einführung und Wirkungsnachweis auch guter Ideen in vier Jahren nicht zu erreichen sind. Der Politiker ist daher gezwungen, beim Stimmenfang den Weg des geringsten Widerstandes zu gehen, um seine Wiederwahl zu sichern. Die Rentner sind hierbei uninteressant. Sie haben keine Lobby, können keine Macht ausüben, sind eine Minderheit und kennen neue Methoden und Technologien nicht. Ein Zusammentreffen dieser vier Fakten läßt nach den heute noch geltenden Spielregeln nur eine Prognose zu: »Hoffnungslos!«

Wir sind keine Befürworter des »Sozialstaates« derzeitiger Prägung. Wir erinnern an die Worte Motookas zu diesem Thema im vorigen Kapitel und werden zeigen, daß die neuen Methoden geeignet sind, auch dieses Thema weitgehend zu entschärfen. Unpopuläre, ja barbarisch anmutende Maßnahmen, der schwächsten Gruppe (der wir alle früher oder später angehören werden) das Wenige auch noch zu beschneiden, könnten damit vermieden werden. Hierbei muß folgendes bedacht werden:

Die Fortschritte der Medizin in Diagnostik und Therapie gerade auf dem Gebiet der Gerontologie, sorgen dafür, daß das *erreichbare Durchschnittsalter ständig steigt,* die Gruppe also größer wird! Diese Tatsache wirft drei Probleme auf: Wo soll das Geld herkommen, um diesem Personenkreis eine befriedigende Existenz zu ermöglichen? Wie kann erreicht werden, daß das selbstverständliche Recht auf hohe Lebensqualität nicht mit Erreichen des Pensionsalters den Senioren plötzlich abgesprochen wird? Die bei weitem überwiegende Mehrzahl der Bevölkerung ist nicht in der Lage, sich neben der Sozialversicherung weitere finanzielle Absicherungen für einen sorgenfreien Lebensabend zu leisten! Und schließlich: Wie kann das in diesem Personenkreis vorhandene Wissens- und Erfahrungspotential bei Bedarf auch nach der Pensionierung genutzt werden?

7. Kapitel:
Know-how-Übertragung und
erste Anwendungen

In den vorigen Kapiteln haben wir keinen Zweifel darüber gelassen, daß eine Vielzahl von Arbeitsplätzen durch den Einsatz der Industrieroboter obsolet geworden ist und darüber hinaus auch weitere Arbeitsplätze durch die Automation in zunehmendem Maße wegfallen werden. In diesem Kapitel beginnen wir mit der Schilderung dessen, welche neuen Berufe im Zuge der Einführung von Industrierobotern und anderen intelligenten Maschinen möglich werden und was in diesen Berufen getan werden soll. Ferner wird auf die bei der Umschulung auftretenden Probleme und die hierfür vorhandenen Lösungsmöglichkeiten eingegangen.

In der Bundesrepublik Deutschland sind bis zum Herbst 1983 etwa eine Million Arbeitsplätze als direkte Folge der Automation überflüssig geworden. Betroffen sind Facharbeiter sowie Anleitende und Leitende einerseits und Hilfskräfte andererseits. Als Beispiel für neuentstehende Tätigkeiten und Berufe wählten wir die notwendigen Arbeiten im Vorfeld des Einsatzes von Industrierobotern. Das erforderliche Know-how hierzu müssen die Roboter herstellenden und einsetzenden Unternehmen einer gewissen Anzahl von Mitarbeitern vermitteln, da sie sonst ihre eigenen Roboter gar nicht gewinnbringend einsetzen können. Haben wir uns jetzt nicht in einen Widerspruch verstrickt? Wir haben dargestellt, daß durch den Robotereinsatz wesentlich mehr Arbeitsplätze überflüssig werden, als in direktem Zusammenhang damit neue Arbeitsplätze entstehen. Dieser Widerspruch löst sich durch folgende Tatsache auf: Die Planungsverfahren, die für einen gewinnbringenden Robotereinsatz zweckmäßig sind, eignen sich *unverändert* für die Planung auf einer Vielzahl anderer Gebiete! Bekanntlich sind über 90 % unserer derzeitigen Probleme der Mathematik gar nicht zugänglich. Wie wir in Kapitel vier zeigten, kann die Lösung dieser Probleme erst mit Hilfe der Symbolverarbeitung und der künstlichen Intelligenz erfolgen. Andersherum ausgedrückt: Wir haben bisher erst 10 % dessen bearbeitet, was an Problemen ansteht! Der »Rest« (eine neunmal (!) größere Menge!) enthält Themen, deren Behandlung keinen Aufschub mehr duldet, da sie bis zur Existenzfrage für die gesamte Menschheit gehen. Sie reichen von der Frage der Ost-West-Bewaffnung über das Nahost-Problem und die Ölversorgung, die Gastarbeiterfrage, die Stahl- und Kohlekrise bis in den Bereich, den wir hier diskutieren: Bei den automationsbedingten Entlassungen wird vom »Gesundschrumpfen« geredet. In den meisten Fällen handelt es sich hierbei nur um das *Reagieren* auf die derzeitige unglückliche Situation. Obwohl die Betriebswirte sich in früheren Zeiten um eine objektive Feststellung dessen bemühten, was sie »optimale Betriebsgröße« nannten – ein Ausdruck, den man gar nicht mehr hört –, ist es nie zu einer wirklich funktionierenden Methodik gekommen. Eine Lösung läge darin, statt einer Gewinn*maximierung* eine Gewinn*optimierung* anzustreben. Nicht immer »höhere Gewinne um jeden Preis«, sondern die Herstellung eines Optimums zwischen Ressourceneinsatz und Gewinn. Auf unser Problem bezogen: Bei welcher Mitarbeiterzahl ist das Verhältnis von Arbeitsplätzen zu erzielbarem Gewinn optimal? Die Biokybernetiker verweisen auf die zahllosen Beispiele in der Natur, wo seit Millionen von Jahren die Vernetzung der Wirkungsfaktoren dafür sorgt (vorausgesetzt, der Mensch greift nicht schädigend ein), daß dieses optimale Verhältnis sich von selbst einstellt. Sowohl Frederic Vester in München als auch das Management-Zentrum in St. Gallen haben bereits bei zahlreichen Betrieben nach diesen Gesichtspunkten eine Optimierung durchgeführt. Die hierfür benötigten Planungstechnologien gleichen denjenigen für den Robotereinsatz.

Es kann kein Zweifel daran bestehen, daß die Informationsgesellschaft, die das Herstellen von nachweisbar effektiven und plausiblen Problemlösungspaketen gegenüber dem Status quo für eine neunmal größere Problemmenge ermöglicht, wesentlich mehr Arbeitsplätze bereitstellt, als jemals für die Produktion konventioneller Ware benötigt wurden. Hiermit wäre auch die Frage nach dem Schicksal der Hilfskräfte beantwortet: Obwohl die neuen Methoden der Knowhow-Vermittlung auch demjenigen Teil der Hilfskräfte, die nur deswegen Hilfskräfte geblieben sind, weil es an Kursen oder geeigneter Motivation für sie mangelte, eine neue Chance geben, ist als sicher anzunehmen, daß ein vielfach größeres Arbeitsvolumen auch eine hinreichend große Zahl von Hilfskräften benötigt.

Ebenso, wie die Planungstechnologie vom Planungsziel weitestgehend unabhängig ist, ist auch die Technologie der Wissensvermittlung selbst unabhängig vom zu vermittelnden Wissen. Sie wurde für das unmittelbar anwendbare Wissen bei der Siemens AG in München von Wilhelm Tange und seinem Team für didaktische Wissensaufbereitung während der vergangenen zehn Jahre entwickelt und weit verbreitet angewendet. Der Know-how-Transfer ist ein typischer Komplex der künstlichen Intelligenz. Bei der Erarbeitung des für den Selbstunterricht geeigneten didaktischen Materials wird im Prinzip folgendermaßen vorgegangen: Ein besonders geschulter Mitarbeiter (bei der künstlichen Intelligenz heißt er bekanntlich »Wissensingenieur«, englisch: knowledge engineer) stellt zusammen mit dem Entwickler oder einem anderen Experten der neuen Technologie den gesamten Wissensumfang dieses neuen Gebietes fest. Diese Gesamtheit heißt »Katalogwissen«. Mit dem Experten wird diejenige Untermenge aus dem Gesamtwissen isoliert, die man im Kopf haben muß, um auf diesem Gebiet mitdiskutieren und beurteilen zu können und die ausreicht, um sich bei Bedarf das fehlende Wissen an der richtigen Stelle besorgen zu können. Diese Untermenge heißt »Präsenzwissen«. Durch diese Trennung wird das zu übermittelnde Wissen drastisch beschränkt und der Adressat der mühevollen Aufgabe enthoben, sich blind durch Berge von Literatur zu dem wirklich Essentiellen durchzutasten. Umfangreiche heuristische Erfahrungen haben zu einer Fülle von wichtigen Erkenntnissen geführt: Wieviel Wissen darf man in *einer* Sitzung anbieten? Wie wird der Wechsel zwischen Belehrung und Abfrage organisiert? Wie ist das Verhältnis von Bild zu Text? Wie wird ein Aha-Erlebnis erzeugt? Wann ist eine Motivation zu setzen, wann ein Erfolgserlebnis? Welche Informationsfolgen müssen auf gegenüberliegenden Seiten stehen bzw. dürfen nicht durch Seitenwechsel unterbrochen werden? Welche ergänzenden Medien werden mitgeliefert? Welche Selbsttestmethodik? Welche Behaltenstests sind nach welcher Zeit durchzuführen? Soweit wie möglich werden Maschinen eingesetzt, um den ganzen Vorgang zu rationalisieren: Bildschirmarbeitsplätze gestatten das rationelle Ändern und Umgestalten von Texten, das Einfügen von Textzusätzen, das Ausmerzen von nicht optimalen Passagen. Das gesamte Layout als Hinweis für die Druckerei wird maschinell erstellt etc. Bis auf wenige Ausnahmen sind die schon erwähnten 50 Titel aus der Produktion dieser Gruppe unter dem Kennbegriff »Schlüssel-Serie« bei ECON in Düsseldorf erschienen. Taschenbuchausgaben hiervon erscheinen bei Rowohlt. Für wenige Mark kann sich hier der Leser einen Einblick in die Darbietungstechnik verschaffen. Die für die Fachbücher hohen Auflagen von z. T. weit über 100 000 und deren Übersetzung in fremde Sprachen beweist den hohen praktischen Nutzungswert. Was kostet so etwas?

Das Team arbeitet immer geschlossen mit definierter Arbeitsteilung. Neben dem Chef gibt eine sehr erfahrene Lern-Psychologin, zwei interviewende »Knowledge-Ingenieure«, eine akademische Fachkraft für Didaktik, einen Grafiker-Visualiserer sowie einige Hilfskräfte für Disposition, Bestellung und Versand, Sekretariatsarbeiten etc.

Dieses Team kostet mit Arbeitsplatz, Atelier, maschineller Ausrüstung sowie sämtlichen Nebenkosten und Gemeinkosten knapp eine Million pro Jahr. Es kann in einem Jahr zwei komplette Curricula für den Selbstunterricht erstellen. Jedes dieser Curricula vermittelt soviel Wissen, wie sonst in klassischem Frontalunterricht in einem mindestens zweiwöchigen Intensivkurs erreicht werden könnte. Über Jahre betriebene Tests haben hierbei dem Selbstunterricht die überragend guten Resultate hinsichtlich des Wissensumfanges und der Behaltensdauer immer wieder bestätigt.

Rechnen wir mit einer nur durchschnittlichen Auflagenhöhe von 20 000 je Titel, so ergäben sich 40 000 erreichte Adressaten pro Jahr. Würden diese einen vierzehntägigen Kurs besuchen und hierfür je Kopf für Arbeitsausfall, Reise, volle Verpflegung, Lehrkräfte, Lehrmittel und Schulungsräume nur DM 5.000,– eingesetzt werden, errechnen wir Gesamtkosten in Höhe von 200 Millionen!

Stellen wir noch einmal klar: Das Expert-System für Wissensvermittlung informiert ständig über den neuesten Stand der didaktischen Technologie, der Know-how-Weitergabe. Unser Expertenteam kann hierzu wesentlich beitragen. Das Vermitteln einer neu anzuwendenden Produktions- oder Planungstechnologie ist dagegen das Weitergeben des Informations*inhaltes*, das *mit Hilfe* der jeweilig neuesten didaktischen Technologie geschieht.

Bei einer Verkürzung der Lebensdauer einer praktischen Technologie auf nur drei Jahre gibt es hierzu gar keine Alternative!

Durch das Errichten eines Expert-Systems für Wissensvermittlung und Know-how-Weitergabe werden diejenigen Experten, die die Weitergabe von anwendungsbezogenem Know-how an alle von einer neuen Technologie Betroffenen betreiben, stets mit den neuesten Erkenntnissen der didaktischen Forschung und Entwicklung versorgt und ihre Arbeit dadurch immer effektiver.

Damit der Leser einen Eindruck davon bekommt, *was* hier, auf diese Weise vermittelt, auf ihn zukommt, wollen wir das Grundprinzip des mit Abstand wichtigsten Verfahrens aus der Planungstechnologie schildern, das *Petrinetz-Verfahren*. Dieses leicht zu erlernende und in seiner Anwendung sehr vielseitige und mächtige Verfahren dient der Visualisierung und Absicherung auch sehr komplizierter logischer Strukturen und hat als einziges Verfahren den entscheidenden Vorteil, die während des Betriebes vielfach parallel ablaufenden Vorgänge dynamisch, d. h. in ihrem Wettlauf um Speicherplätze, Rechenkapazität u. ä. darstellbar zu machen.

Bekanntlich bietet das Petrinetz-Verfahren die einzige Möglichkeit, Computerprogramme aus früheren Generationen durch Isolierung und Darstellung der Ablauflogik auf die fünfte Generation zu übertragen.

In den vorangegangenen Kapiteln haben wir häufig von »Modellen« gesprochen, ohne näher darauf einzugehen, wie derartige Modelle gemacht werden. Auch für derartige Darstellungen genügt in den meisten Fällen ein Petrinetz. Auf die weiteren Verwendungsmöglichkeiten werden wir nach der Schilderung des Verfahrensprinzips eingehen.

Das Petri-Verfahren ist ein Musterbeispiel für Symbolverarbeitung und Netzbehandlung. Es arbeitet mit zwei Symbolen:
– Den *Stellen*, auch Zustände genannt
– Den *Transitionen*, auch Ereignisse oder Instanzen genannt.

Für diese erste Einführung werden wir die Ausdrücke *Zustände* und *Instanzen* verwenden. Die Zustände werden durch Kreise (Abb. 7.1) und die Instanzen durch Rechtecke (Abb. 7.2) dargestellt. Da der Raum innerhalb des Rechteckes in der Praxis meist nicht zur Schilderung der Tätigkeit der Instanz ausreicht, wird sie abgekürzt auch durch einen Balken (Abb. 7.3) symbolisiert. Ein daneben stehender Indikator verweist dann auf den zugehörigen Text. Der Begriff »Instanz« ist in seiner gewohnten Bedeutung als eine für die Durchführung einer bestimmten Aktion *zuständige* Einrichtung (Person, Gruppe, Organisation, Maschine etc.) zu verwenden.

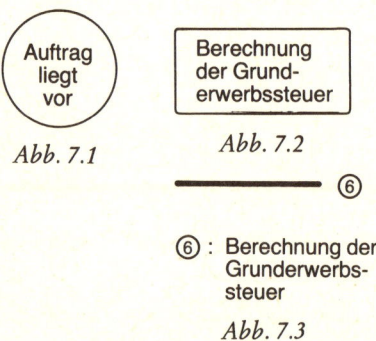

Auftrag liegt vor

Abb. 7.1

Berechnung der Grunderwerbssteuer

Abb. 7.2

⑥

⑥ : Berechnung der Grunderwerbssteuer

Abb. 7.3

Zustände und Instanzen werden durch Pfeile miteinander verbunden. Das sieht dann aus wie in Abb. 7.4. Das hier Dargestellte bedeutet folgendes:

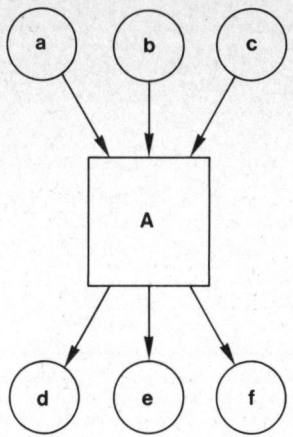

Abb. 7.4

Die Instanz A kann dann mit dem Arbeiten beginnen, wenn die Zustände a, b und c eingetreten sind. Dieses kann zu unterschiedlichen Zeiten erfolgen. So können die Zustände a und c bereits eingetreten sein. Aber erst wenn auch b eingetreten ist, kann A mit dem Arbeiten beginnen. Hat die Instanz A ihre Tätigkeit beendet, so sind die nachfolgend dargestellten Zustände d, e und f eingetreten (daher die Bezeichnung »Transition«: Die Zustände a, b, c sind in die Zustände d, e, f umgewandelt worden).

So könnte z. B. bedeuten:

Instanz A: ein Bagger Team

Zustand a: genehmigter Auftrag liegt vor

Zustand b: Bagger am Einsatzort

Zustand c: genehmigter Aushubplan liegt vor

Zustand d: Baugrube fertig ausgehoben

Zustand e: Bagger frei

Zustand f: Aufstellung über verbrauchte Zeiten und bewegte Volumina liegt vor.

In der Abb. 7.4 sind auch die zwei einzigen Regeln dargestellt, die wir für das Verständnis des Grundprinzips benötigen:
- alle Pfeile müssen in eine eindeutige Richtung zeigen
- nur Symbole unterschiedlicher Art dürfen direkt miteinander verbunden werden.

Ein Zustand führt also immer direkt zu einer Instanz, nie direkt zu einem anderen Zustand. Da die Instanz die Transition von einem Zustand in den nächsten bewirkt, muß demgemäß nach einer Instanz wieder ein Zustand kommen und nie direkt eine weitere Instanz.

Schon mit diesen einfachen Hilfsmitteln können wir jetzt das Vorgehen bei der Lösung einer recht anspruchsvollen organisatorischen Aufgabe zeigen. Für unseren Demonstrationsfall wurde ein geschlossenes System gewählt, in dem fünf Instanzen miteinander kooperieren. Hierbei ist es gleichgültig, ob es sich um ein neu entworfenes System handelt, dessen reibungsloses Funktionieren vor der Realisierung sichergestellt werden muß oder ob es sich um ein existierendes System handelt, dessen Schwächen analysiert und behoben werden sollen.

Für jede Instanz stellen wir fest, welche Zustände eingetreten sein müssen, damit sie mit ihrer Arbeit beginnen kann. Das ist nicht schwierig, denn jede Instanz weiß natürlich, was zum Arbeiten benötigt wird und was am Ende der Tätigkeit dabei herauskommt. Hierdurch ergebe sich folgendes Bild (Abb. 7.5), bei dem die Kleinbuchstaben die *Beschreibung* der Zustände, die Großbuchstaben die der Instanzen bedeuten.

126

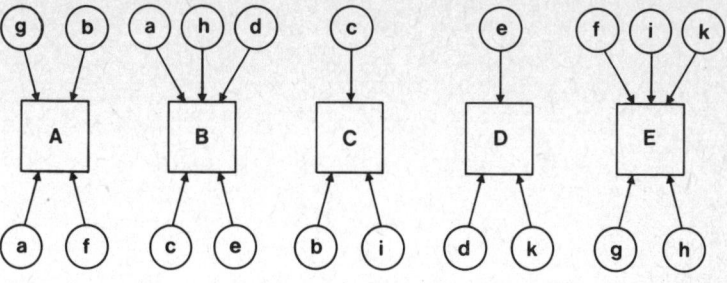

Abb. 7.5

Nun müssen in einem geschlossenen System die von einer Instanz geschaffenen Ausgangszustände wieder die Eingangszustände zu anderen Instanzen sein. Es gilt daher nun, in einer Art Puzzlespiel ein Netz zusammenzusetzen. In Wirklichkeit stehen in den die Zustände darstellenden Kreisen nicht Buchstaben, sondern Texte. Um die Instanzen miteinander vernetzen zu können muß daher geprüft werden, wo ein Ausgangstext *einer* Instanz mit einem Eingangstext *einer anderen Instanz* (sinngemäß) übereinstimmt. Bei einer geringen Anzahl von Instanzen, wie in diesem Beispiel, mag das ohne Computerhilfe noch gehen, bei 30 und mehr Instanzen wird das zu einem riesigen Aufwand. Durch maschinelle Analyse der natürlichen Sprache ist es heute möglich, aus Texten die kennzeichnenden Deskriptoren automatisch zu gewinnen. Der Computer vergleicht nun die Diskriptorensätze für die Eingangs- und Ausgangszustände. Er ist dadurch in der Lage, vollautomatisch die Instanzen miteinander zu vernetzen: (Abb. 7.6).

Das Petri-Verfahren hat sich nun als ein Netz mit zwei verschiedenen Arten von Knoten entpuppt: Den passiven Zuständen und den aktiven Instanzen. Das

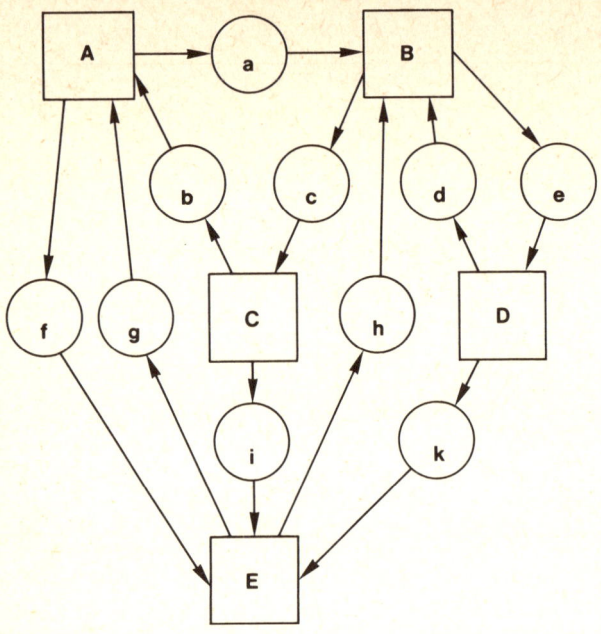

Abb. 7.6

Netz nach Abb. 7.6 stellt *statisch* den Zusammenhang zwischen den Zuständen und den Instanzen dar.

Nun zur Visualisierung *dynamischer* Vorgänge in einer solchen vernetzten Darstellung: In den Petrinetzen ist es üblich, das Vorliegen eines bestimmten Zustandes durch das Belegen des betreffenden Zustandssymbols mit einer Marke zu kennzeichnen.

Um zu prüfen, ob das Zusammenspiel der Instanzen nach Abb. 7.6 alle praktisch vorkommenden Zustandsverteilungen bewältigen kann, gehen wir folgendermaßen vor: Die Zustände c, d, g und k seien eingetreten, die anderen nicht. Wir legen daher je eine Marke auf d, d, g und k (Abb. 7.7).

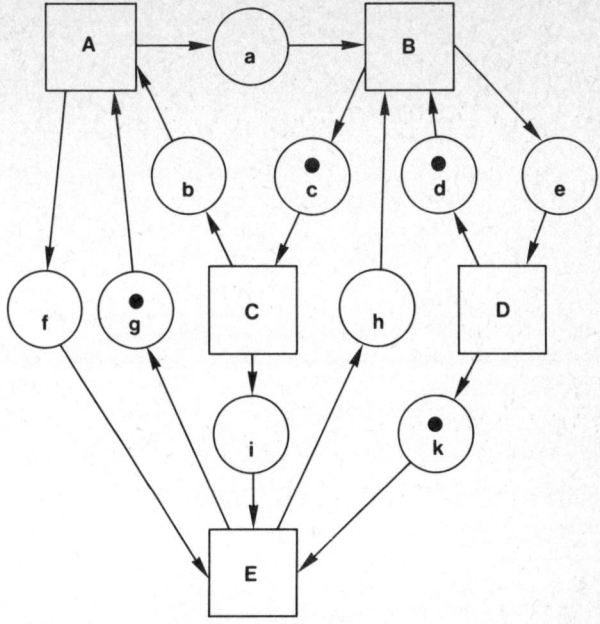

Abb. 7.7

Nur die Instanzen können mit dem Arbeiten beginnen, bei denen *alle* erforderlichen Eingangszustände erreicht sind: Dieses ist bei einer Situation nach Abb. 7.7 nur für die Instanz C der Fall! (A kann nicht arbeiten, weil der Zustand b nicht erreicht ist, E kann nicht arbeiten, weil die Zustände f und i nicht erreicht sind, B kann nicht arbeiten, weil die Zustände a und h nicht erreicht sind, und D kann nicht arbeiten, weil der Zustand e nicht erreicht ist.)

Was jetzt geschieht, ist also ganz eindeutig: C beginnt zu arbeiten. Die Marke vom Zustand c wird entfernt und je eine Marke auf die Nachfolgezustände b und i gelegt (Abb. 7.8).

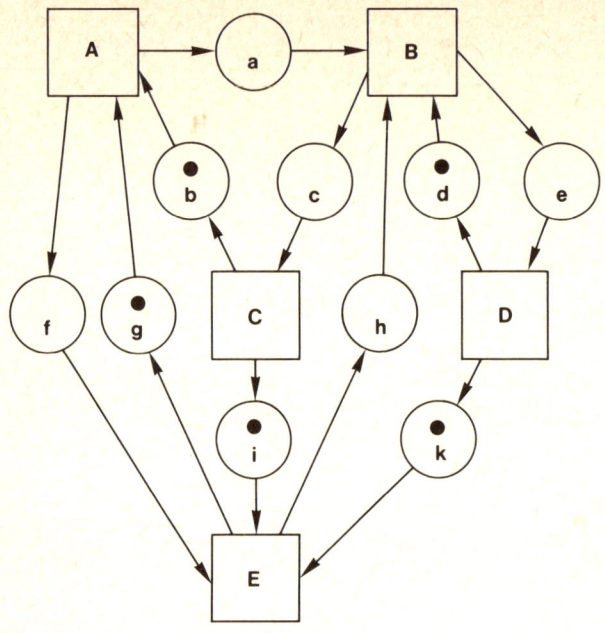

Abb. 7.8

Jetzt sind nur bei der Instanz A die für das Arbeiten erforderlichen Zustände erreicht, was durch die Marke auf g und auf b symbolisiert ist. Wir können daher die beiden Marken entfernen und sie auf die durch das Arbeitsergebnis von A nun erreichten Ausgangszustände a und f (Abb. 7.9) legen. Jetzt kann nur die Instanz E arbeiten, wodurch die Marken auf g und h (Abb. 7.10) weiterwandern.

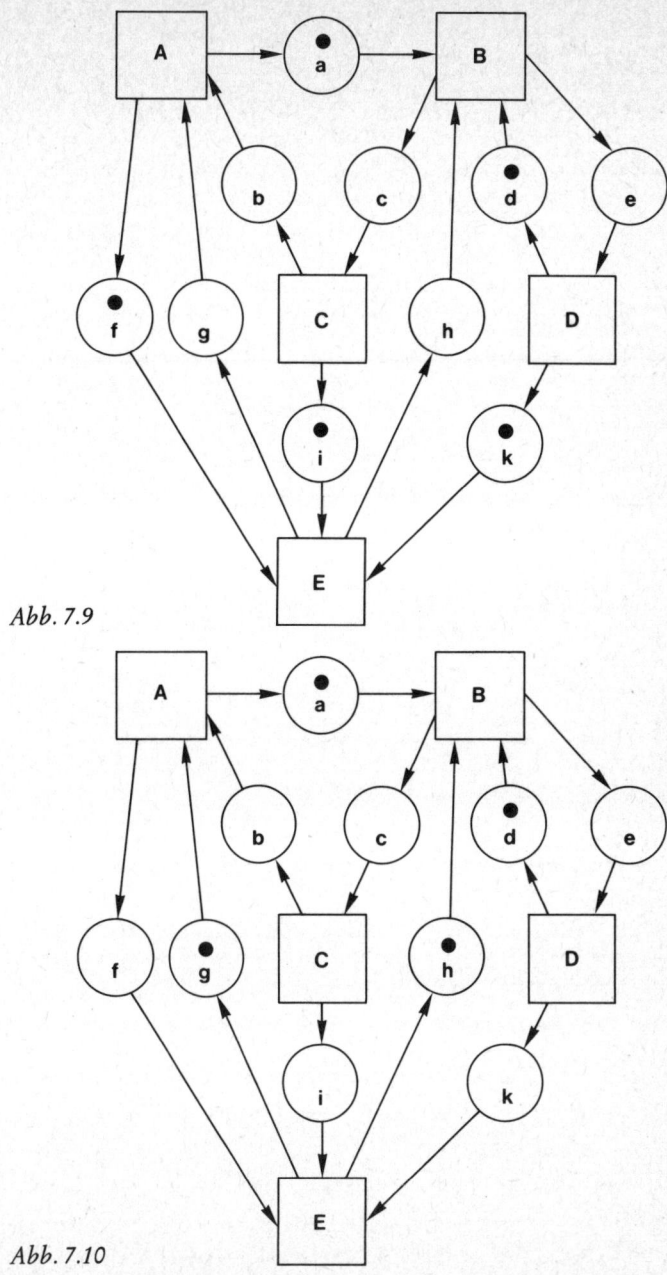

Abb. 7.9

Abb. 7.10

131

Sinngemäß kann jetzt wieder nur die Instanz B arbeiten, da die erforderlichen Eingangszustände a, h, d mit Marken belegt sind. Wir nehmen nun die Marken wieder von den Eingangszuständen weg und legen je eine auf die Ausgangszustände c und e (Abb. 7.11).

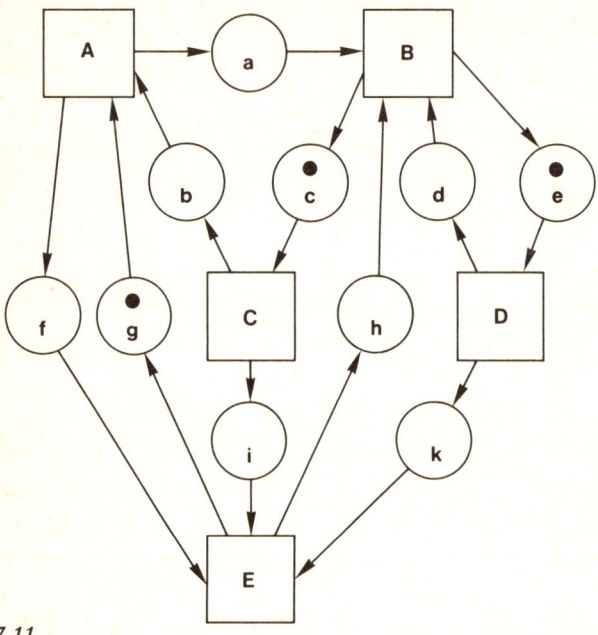

Abb. 7.11

Und nun ist der große Augenblick gekommen: Wir sehen nun, daß zwei Instanzen gleichzeitig tätig werden können, nämlich C und D. Wenn wir zunächst die Marke von e nehmen und je eine auf d und k legen, haben wir den Zustand, von dem wir ausgegangen sind (Abb. 7.7), wieder erreicht. Wenn wir zusätzlich die Instanz C arbeiten lassen und die Marke von c wegnehmen, auf b und auf i legen, wird der Zustand laut Abb. 7.12 erreicht. (Abb. 7.12 ist identisch mit Abb. 7.8).

132

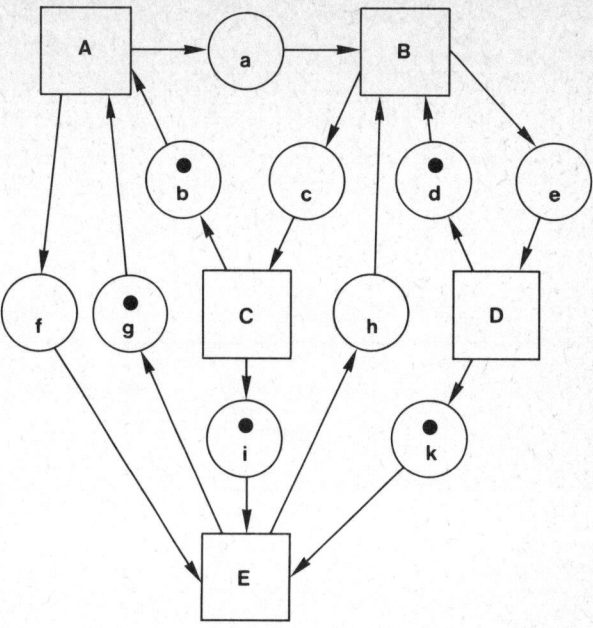

Abb. 7.12

Damit haben wir zwei Dinge vollzogen, die uns bisher nicht möglich waren: Wir haben nicht nur sofort erkannt, daß zwei dynamische Vorgänge simultan ablaufen, sondern uns außerdem noch davon überzeugt, daß sich diese beiden Vorgänge dabei nicht gegenseitig stören und alles weiter so rund läuft, wie es nun ab Abb. 7.8 weiterging.

Nehmen wir nun einmal folgenden Anfangszustand an (Abb. 7.13): Hier zeigt sich sofort, daß nach der Tätigkeit von A (die Marken liegen nun auf a und f), *nichts* mehr geht. Wir haben einen »Deadlock« aufgedeckt! Das System scheint nicht in der Lage zu sein, diesen Ausgangszustand zu verkraften. Wir müssen

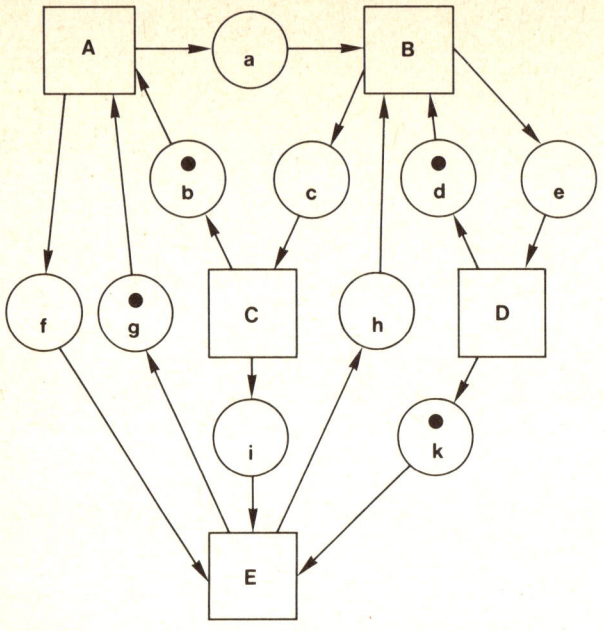

Abb. 7.13

nun gezielt recherchieren, ob wirklich alle Zustände, die für die Tätigkeit der Instanzen notwendig sind, erfaßt wurden, ob etwa eine ganze Instanz vergessen wurde, oder ob es daran liegt, daß die Ausgangskonfiguration mit Marken auf b, d, g und k in der Wirklichkeit nicht vorkommt. Ist dieses aber doch der Fall, so muß das Netz durch eine weitere Instanz und mindestens einen weiteren Zustand ergänzt werden.

Nun noch eine andere Konfiguration: Die Situation laut Abb. 7.14 ist noch eindeutig. Im ersten Zug wird die Situation laut Abb. 7.15, im nächsten die Situation laut Abb. 7.16 erreicht.

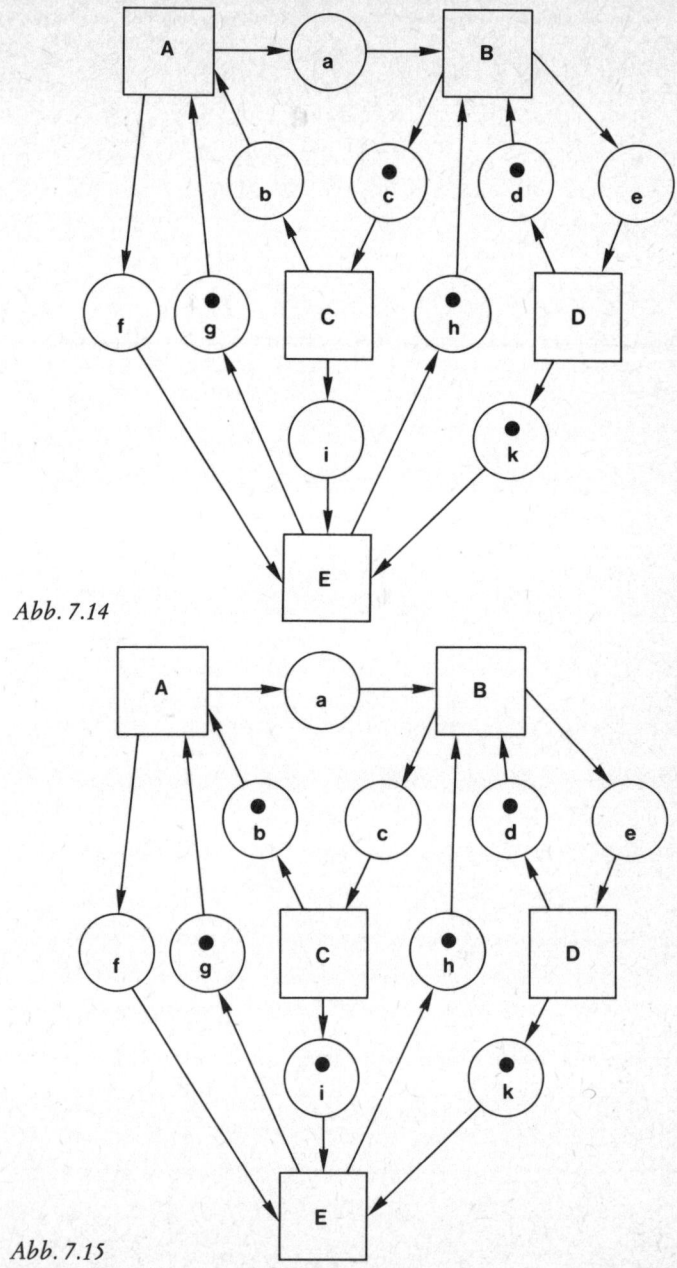

Abb. 7.14

Abb. 7.15

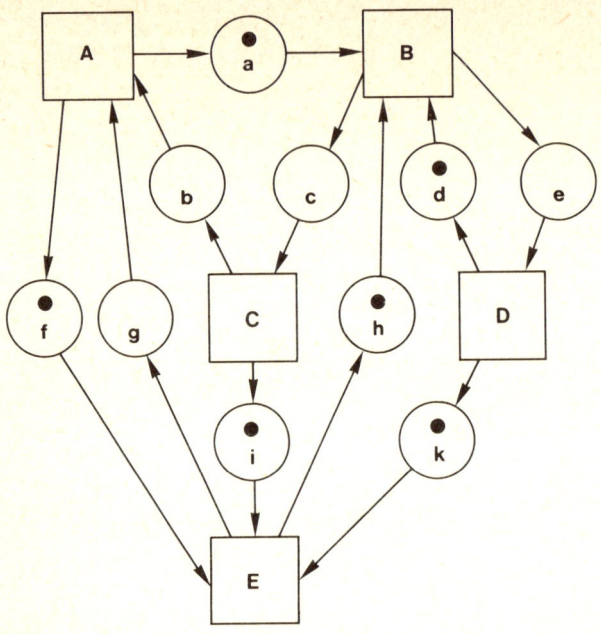

Abb. 7.16

Hier haben wir einen Fall, wo zwei Instanzen (E und B) *gleichzeitig* arbeiten können.
Gleichzeitig? Für menschliches Zeitempfinden natürlich gleichzeitig! Aber auch bei einem mit Mehrfachprozessoren ausgestatteten Computer laufen »gleichzeitig« stattfindende Vorgänge im Abstand von einigen Mikro- oder Nanosekunden ab. Dieses liegt daran, daß die Bearbeitungszeit in den Instanzen, hier E und B (je nach Inhalt und Umfang der in einer Instanz zu bearbeitenden Daten), nie exakt gleich ist. Wir müssen daher ausprobieren, was geschieht, wenn entweder E oder B »zuerst«, d. h. einige Millionstel Sekunden früher die Ressourcen im Computer belegen.

136

Lassen wir zuerst die Instanz E arbeiten (Abb. 7.17). Der Zustand h war bereits erreicht bzw. durch eine Marke gekennzeichnet. Durch das Arbeiten von E ist *eine weitere* Marke hinzugekommen! Hätte es sich bei dem untersuchten System um ein Computerprogramm gehandelt, in dem die Zustände Speicherinhalte beschreiben, so wäre durch das Hinzukommen einer neuen Information der alte, noch nicht verarbeitete Speicherinhalt von h überschrieben und damit endgültig verloren worden. Das ist offensichtlich nicht in Ordnung. Es muß also dafür Sorge getragen werden, daß bei gewissen Zuständen *mehr als eine* Marke untergebracht werden kann. Dieses geschieht durch das Einrichten einer Warteschlange.

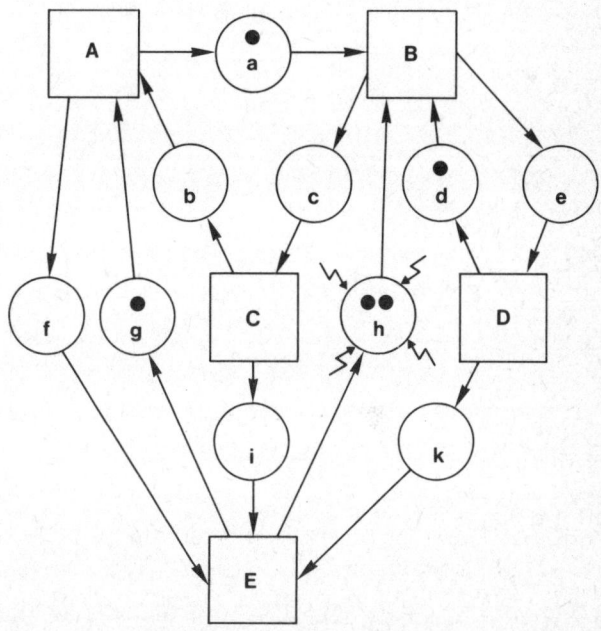

Abb. 7.17

Häufig genügt es, die Warteschlange ohne weitere Steuerung durch Anwendung des Prinzips »first in/first out« aufzulösen. Es kann jedoch erforderlich werden, für die Verwaltung einer Warteschlange eine eigene Instanz einzurichten (z. B. wenn besonders gekennzeichnete oder eine bestimmte Größe überschreitende Daten bevorzugt behandelt werden sollen).

Läuft dagegen nach Erreichen des Zustandes laut Abb. 7.16 die Instanz B zuerst, dann erst direkt anschließend E ab, ergibt sich im darauffolgenden Schritt ein Überschreiben der Marke auf dem Zustand k und im nächsten Schritt die simultane Arbeitsbereitschaft von C und D, wodurch offenbar wird, daß auch bei k und i eine Warteschlange eingerichtet werden muß.

Alle weiteren in der Praxis vorkommenden Zustandskonfigurationen werden auf die gleiche Art und Weise behandelt. Hierbei ist das Markenschieben manuell/intellektuell doch eine recht zeitraubende Sache. Es müssen nicht nur alle möglichen Zustände durchprobiert werden, sondern nach Durchführung von Änderungen und Ergänzungen muß abermals geprüft werden, ob sich dadurch keine Fehler eingeschlichen haben. Diese Tätigkeit wird daher vom Computer durchgeführt. Hierzu genügt ein kleiner Personalcomputer, wie z. B. Apple II. Vorgänge, die bisher manuell/intellektuell Stunden und Tage dauerten, laufen nun in wenigen Minuten ab. Dem Menschen verbleibt nur das ursprüngliche Feststellen bzw. Festlegen der in dem zu untersuchenden Bereich arbeitenden Instanzen sowie den zugehörigen erforderlichen

Eingangszuständen und den erzeugten Ausgangs-zuständen. Die Zusammenstellung zum Netz über-nimmt bereits der Computer. Nachdem der Planende in dem auf dem Bildschirm gezeigten Petrinetz die Zustände markiert, die eingetreten sein sollen, über-nimmt der Rechner das »Markenschieben« (das durch das Programm simuliert wird) und zeigt die Konfigu-ration auf dem Bildschirm oder dem Drucker, sobald ein Deadlock oder eine Unsicherheit durch mehrfache Markenbelegung festgestellt wird. Die Korrektur ist wieder Aufgabe des Planenden.

Diese kurze Demonstration sollte deutlich machen, auf welchen Schwierigkeitsgrad wir uns bei der Um-schulung auf einen der praktizierenden Planungsbe-rufe einstellen müssen. In der Wirklichkeit würde den Adressaten ein Lernpaket zur Verfügung gestellt wer-den, das bekanntlich soviel Information enthält, wie sie in einem Kursus von ein bis zwei Wochen vermit-telt werden kann. Hierbei wird schrittweise vorge-gangen, ständig mit Beispielen gearbeitet und der Adressat über dasjenige, was wir hier nur andeuten konnten, hinaus mit einer Reihe zusätzlicher Darstel-lungen, mit raffinierten Abwandlungen in der Füh-rung der Verbindungspfeile im Sinne von Kürzeln etc. bekanntgemacht.

Nach der Durchsicht des Materials ist der Adressat in der Lage, als bereits sehr aktiver Assistent in einer er-fahrenen Planungsgruppe mitzuarbeiten und all das sofort zu verstehen und aufzugreifen, was ihm dort an zusätzlichen Erfahrungswerten während der prakti-schen Arbeit vermittelt wird. Nach einigen Monaten wäre er bereits als vollausgebildeter Planungstechniker in der Lage, auch schwierige praktische Aufgaben zu lösen.

Das computergestützte Petrinetz-Verfahren versetzt unser Denk- und Vorstellungsvermögen in die von der Natur nicht vorgesehene Lage, *doch* mehrere Vorgänge gleichzeitig in ihren dynamischen Auswirkungen zu erkennen. Dieses wird auch noch allgemein verständlich visualisiert. Dadurch werden Wege eröffnet, um Deadlock-Freiheit und Sicherheit garantieren zu können. Wir können daher in bezug auf die Probleme, die im Zusammenhang mit der Besprechung der Abb. 2.1 dargelegt wurden, folgendes feststellen: Durch die nunmehr möglich gewordene Beherrschbarkeit simultan ablaufender Vorgänge kann ein Überlappen der Arbeitsgänge wieder zugelassen werden. Dieses ist sehr erwünscht, da hierdurch der Zeitaufwand für die Erfüllung der gestellten Aufgabe drastisch reduziert wird. Hierdurch kann der schädliche Einfluß durch zeitlich sich ändernde Umweltfaktoren, durch nichterkannte Doppelarbeit, durch das Fehlen klarer detaillierter Durchführungsanweisungen etc. weitgehend ausgeschaltet werden. In der gleichen Zeit können durch die gleiche Gruppe mehr Aufgaben durchgeführt werden als bisher: Die Produktivität steigt. Gleichzeitig steigt die Menge an heuristisch erworbenem Wissen durch das Kennen und Lösen einer höheren Anzahl von Problemen. Der für die Leistung zu fordernde Preis sinkt.

Nun zu einigen Anwendungen, die schnell realisiert werden sollten:

Bei komplexen Systemen muß bei Analyse und Änderung oder bei Neuentwicklung schon deswegen mit dem Auftreten zahlreicher gleichzeitig ablaufender dynamischer Vorgänge gerechnet werden, weil ja in Wirklichkeit nicht nur *ein* Zahlenbeispiel für einen Geschäftsfall für sich allein durch das vernetzte System hindurchläuft und die nächsten Daten jeweils warten, bis dieser eine Geschäftsfall fertig bearbeitet ausgegeben wird, sondern wie bei der Eröffnung eines Warenhauses im Winterschlußverkauf ergießt sich ein ungeheurer Strom von Daten über sämtliche Zweige des Systems. Es bilden sich Warteschlangen, als fehlerhaft erkannte Daten müssen vorzeitig ausgeschleust werden, andere Daten müssen in Bereitstellräume gestellt werden, um Daten mit höherer Priorität vorbeizulassen etc., und schließlich darf auch bei individuell komplizierter Behandlung die Ausgabegeschwindigkeit nicht geringer werden als die Eingabegeschwindigkeit, damit keine Staus auftreten und das System sich nicht zeitweilig oder ständig selbst blokkiert.

Der allereinfachste Fall eines solchen vernetzten Systems ist der »binäre Baum«, bei dem jeder Knoten *nur zwei* Nachfolgepositionen, entsprechend »Ja« oder »Nein«, ausgedrückt durch »O« oder »Nicht O« hat. (In Wirklichkeit hat jeder Knoten meist mehrere Nachfolgepositionen.) Unser einfachster Fall sieht dann symbolisch so aus (Abb. 7.18):

Nehmen wir einmal an, daß es sich bei dem zu lösenden Problem um die Umstellung eines großen Einkaufszentrums auf vollautomatischen Betrieb handelt: Computer übernehmen die Bestandsüberwachung und Ergänzung in Lager und Verkaufsfächern, berechnen Bestandsreichweite, melden »Renner« und

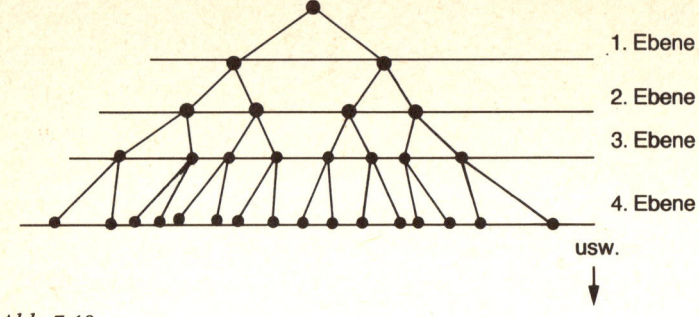

1. Ebene
2. Ebene
3. Ebene
4. Ebene
usw.

Abb. 7.18

»Ladenhüter«, bearbeiten Angebote, schreiben Überweisungen, Rechnungen, Bestellungen, fertigen Ladelisten für die firmeneignen Container-Fahrzeuge an, berechnen optimierte Fahr-Routen für sie, aktivieren Roboter für die Entladung der Container und die Unterbringung der Ware in den Lagern, rufen Service-Roboter ab, die die Verkaufsfächer, für die Kunden unsichtbar, von rückwärts mit neuer Ware beschicken und die Preisangaben an den Fächern aktivieren etc. etc.

Die Kassen bleiben nicht nur zur Aufrechterhaltung des menschlichen Kontaktes personell besetzt, sondern auch wegen der schwer zu automatisierenden Überwachungsfunktion und Kontrolle der vollständigen Abrechnung. Die individuellen Preise der eingekauften Artikel werden durch Abtasten der kodierten Warennummer auf der Verpackung mit einem Sensor eingegeben und vom zentralen Computer zu einer Abrechnung für den Kunden und gleichzeitigen Veränderung der Bestandsdaten zusammengestellt.

Von gleichberechtigten Eingabeplätzen können die Geschäftsleitung oder die für das Angebotsspektrum

verantwortlichen Planer dem System mitteilen, was sie haben wollen: z. B. die Umsatzentwicklung eines Artikels, eine Karte des Routenverlaufes beim Abholverkehr mit Südeuropa, den Hauptlieferanten für Kosmetikartikel, die letzte Gesamtinventur, Störungsmeldungen bei den Service-Robotern, grafische Darstellung der Bezügeentwicklung aus Spanien etc. Das System muß zunächst den Wunsch analysieren. Dann müssen alle Informationen über den Artikel oder den Vorgang zusammengesucht werden, für den sich der Planer interessiert. Dieses geschieht in mehreren Vorgehensstufen, die sich immer mehr verzweigen. Daher die Kaskadenform der Abb. 7.18. Anschließend sucht das System die für diese Datenkonfiguration günstige Verarbeitungsnorm, die dann durchgeführt wird. Hierdurch nimmt die breite Auffächerung der Kaskade wieder ab, bis das System schließlich bei der Ausgabeprozedur ankommt.
Sehen wir uns einmal an, welche Schwierigkeiten wir ohne die neuen Verfahren bereits beim *einfachsten* Fall, dem binären Baum, hätten:

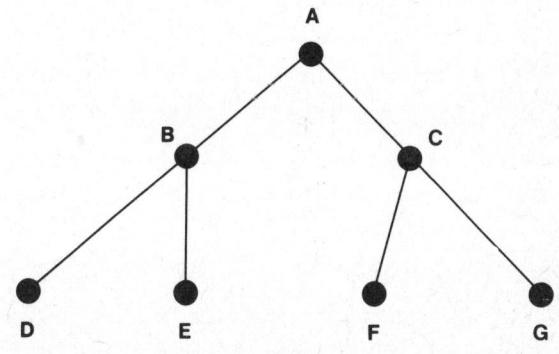

Abb. 7.19

143

Die Abb. 7.19 zeigt die ersten drei Stufen des zu entwickelnden Systems. Bei jeder Besprechung muß klargemacht werden, über welchen Knoten in welcher Ebene jetzt gesprochen werden soll, auf welche Weise die Daten dort hingelangt sind und welche Ressourcen im Rechner (Speicherplätze, Rechenkapazität, Ausgabemedien etc.) in diesem Moment zur Verfügung stehen. Hierzu müssen wir zunächst erklären, was das System bei A mit den eingegebenen Daten anfängt, welche Ressourcen belegt werden und welche unmittelbar anschließend wieder freiwerden. In der zweiten Ebene erklären wir anschließend, was entweder bei B oder bei C mit den Informationen geschieht und welche Ressourcen hierdurch belegt werden. Wir haben nun bereits vier Fortsetzungspunkte. Da wir soeben C beschrieben haben, ist es wohl am einfachsten, jetzt mit der Beschreibung von F und G fortzufahren und auch hier zu erklären, was das System mit von C hierher gelangten Daten anfängt und welche Ressourcen hierdurch belegt werden. (Inzwischen können schon wieder neue, andere Daten bei A angekommen sein und auch hier wieder Ressourcen belegen.) Wir müssen nun nachholen, was als Fortsetzung von B bei den Knoten D und E geschieht. Ist dieses erfolgt, dann sind inzwischen schon wieder viele Details bezüglich der Vorgänge bei F und G vergessen worden. Dabei sind wir erst bis zur dritten von insgesamt mindestens zehn Ebenen vorgedrungen, und das am einfachst möglichen Modell.

Das Herstellen derartig komplexer Programmsysteme war daher bis heute praktisch unmöglich. Für *eine* Anwendung sah sich jedoch jeder Hersteller größerer

Rechenanlagen gezwungen, ein recht kompliziertes Programm herzustellen: bei den Betriebssystemen. Hierbei handelt es sich um ein dem Computeranwender gar nicht zugängliches Programm, das grundsätzlich *immer* im Computer gespeichert bleibt und diesem das Arbeiten erst ermöglicht. Es kennt die genaue Hardware-Konfiguration, verwaltet und steuert sämtliche hierdurch möglich gemachten Ressourcen und ist sozusagen der Dolmetscher zwischen den im Anwenderprogramm formulierten Anweisungen an den Computer und dessen Hardware. Keinem Hersteller konventioneller Rechenanlagen ist es bisher gelungen, derartige Betriebssysteme völlig fehlerfrei zu machen. Schon die Entdeckung eines Fehlers ist manchmal recht schwierig: Er kann bei bestimmten Datenkonfigurationen auftreten, die sich nur schwer oder überhaupt nicht reproduzieren lassen. Gelingt es, einen Fehler zu lokalisieren, erzeugt der Versuch, ihn zu beheben, häufig an anderer Stelle Sekundärfehler. So enthalten große Betriebssysteme manchmal an die tausend erkannte Fehler, »mit denen die Anwender leben müssen«. Bereits im Jahr 1975 konnte bei der Siemens AG in München bewiesen werden, daß mit der Petrinetz-Technologie und dem Spektrum seiner Darstellungsmöglichkeiten sämtliche Fehler lokalisiert und behoben werden können. Eine allgemeine Einführung scheiterte jedoch daran, daß das Verfahren viel zu viel Zeit in Anspruch nahm. Da man damals ohne jegliche maschinelle Unterstützung, wie bei der heutigen Situation, arbeiten mußte, war für Analyse und Fehlerbehebung auch nur der essentiellen Teile des Betriebssystems soviel Zeit verbraucht worden, daß inzwischen eine neue Version des Betriebssystems auf dem Markt war und man die Arbeit von vorn hätte beginnen müssen. Das sieht heute ganz anders aus und wir dürfen erwarten, daß durch den Einsatz der Petrinetz-Technologie sehr viel schneller fehlerfreie und sichere Software auch sehr komplexer Art entsteht.

Nun ist das Petrinetz-System keinesfalls nur für die Herstellung von Computerprogrammen geeignet. Ursprünglich hatte Dr. Petri die den Mathematikern seit langem unter der Bezeichnung »Bipartiter Mehrmarkengraph« bekannte Prozedur anläßlich der Mitbestimmungsdiskussion in der Montanindustrie mit einer besonderen Bedeutung unterlegt und die geschilderte Vorgehensprozedur etabliert. Er schuf ein leicht erklärbares System, das bei der Vielzahl der damals gemachten Vorschläge diejenigen aussondern sollte, die bei Abstimmungen zu Patt-Situationen (Deadlocks) oder zu Unsicherheiten führen konnten, was ihm auch gelungen ist. Das System wurde in Amerika sehr populär, wo denn auch die Möglichkeit entwickelt wurde, die Logik bei der Konstruktion von Maschinen darzustellen. So hat z. B. die für das Eisenbahnsignalwesen zuständige Gruppe des Hauses Siemens in Braunschweig die Petrinetz-Technik, noch ohne jegliche maschinelle Hilfe, für die Darstellung der logischen Vorgänge bei Weichen, Gleisharfen und Stellwerken mit gutem Erfolg benutzt.

Die Anpassung der Petrinetz-Technik auf die Software wurde ebenfalls bei Siemens auf Empfehlung und unter tätiger Mithilfe durch Prof. Siegfried

146

Wendt, z. Zt. Inhaber des Lehrstuhls für Digitalsysteme der Universität Kaiserslautern durchgeführt.

In Zeiten knappen Geldes ist es besonders wichtig, vorhandenes Kapital nicht in unsichere Projekte zu stecken. Werden jedoch während der Durchführung einer Aufgabe, während der Lösung eines Problems Fehler gemacht, so muß dafür gesorgt werden, daß diese Fehler baldigst möglich entdeckt werden. Je früher ein Fehler entdeckt wird, um so weniger teuer ist seine Beseitigung! Bei allem Optimismus wollen auch wir nicht behaupten, daß es mit der Petri-Methode gelingt, unter Garantie *alle* Fehler in der Planung eines Objektes zu entdecken: Kein System der Welt macht auf Wirkungsfaktoren aufmerksam, die man in die Planung nicht einbezogen hat. Unter Umständen sind derartige Wirkungsfaktoren noch gar nicht entdeckt. Andererseits kommt es vor, daß bei bekannten Wirkungsfaktoren kein Zusammenhang mit dem durchzuführenden Projekt gesehen wird, sich später aber doch als vorhanden herausstellt. Wo liegt nun auf dem Weg vom Entstehen einer Idee bis zur fertigen Problemlösung die erste Fehlerquelle?

Jeder hat wohl schon einmal einem Auftragnehmer ausführlich erklärt, was er haben möchte. Aus der Bestätigung des Auftragnehmers scheint hervorzugehen, daß dieser alles richtig verstanden hat. Trotzdem wurde etwas Unbefriedigendes geliefert. Oder anders herum: Wir lesen ein Angebot, bestellen daraufhin etwas und sind nach der Lieferung enttäuscht, weil wir den Angebotstext offenbar anders interpretiert haben als der Lieferant. Die erste Fehlerquelle liegt daher bereits im Vorgang der Auftragsentgegennahme (Abb.

7.20). Was A sagt, ist völlig logisch, was B versteht, ist – für sich betrachtet – auch völlig logisch. Irgendwo hat sich jedoch eine Zweideutigkeit eingeschlichen. Das Problem ist: Wie kann eindeutig nachgewiesen werden, daß Intention gleich Interpretation ist?

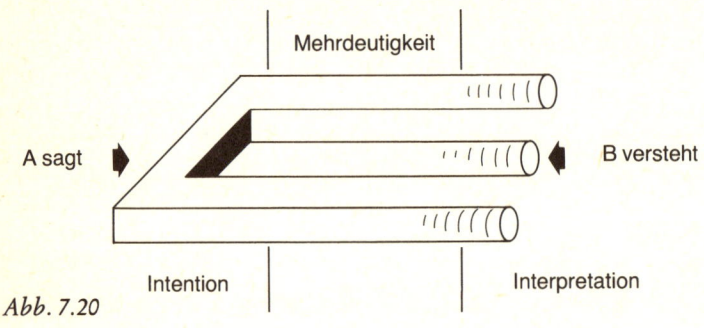

Abb. 7.20

Dieses war schon schwierig, als es sich noch um Dinge wie Häuserbau, Zuständigkeitsregelungen, Vollmachtserteilungen, Fabrik- und Büroeinrichtungen oder um Computerprogramme handelte, die etwas übernehmen sollten, was bisher durch den Menschen auch getan werden konnte. Heute ist dieses besonders schwierig, wo es sich überwiegend um abstrakte Probleme in Bereichen handelt, die Neuland darstellen, und wo ohne maschinelle Unterstützung nichts zu machen ist. Der Mangel an eindeutigen Definitionen der verwendeten Ausdrücke erschwert die Situation. Die einzig sichere Art, die Übereinstimmung von Intention und Interpretation sicherzustellen, ist die Anfertigung eines Modells des gesamten Unterfangens. Auch hier kann wieder das Petrinetz eingesetzt werden, das in seiner klaren Visualisierungsweise auch dem Auftraggeber verständlich gemacht werden kann.

Das Problem der Feststellung Intention = Interpretation taucht in der Entstehungsgeschichte einer Projektentwicklung mehrfach auf: Ist sichergestellt, was gewünscht wird, muß als nächsts festgestellt werden, ob es unter den gegebenen Umständen (zur Verfügung stehendes Kapital, gesetzliche Bestimmungen, Beschaffbarkeit der notwendigen Informationen, zur Verfügung stehende Realisierungszeit etc.) eine deadlockfreie und sichere Lösung für das gestellte Problem gibt. Bisher wurde derartiges nicht getan, sondern einfach losgewurstelt! Zahlreiche Bauruinen, abgebrochene Unterfangen wie die Volkszählung, unglaubliche Kostenüberschreitungen, mit Steuergeldern subventionierte Herstellung von Produkten, die auf direktem Wege auf dem Abfallhaufen landen etc. sind die Ergebnisse von derartig verantwortungslosem Handeln. Ist eine solche Lösung gefunden, so muß nachgewiesen werden, daß sie noch hinreichend der Intention des Auftraggebers entspricht. Geht man an die Realisierung, so ist es zweckmäßig, zu überprüfen, ob der Realisierungsplan mit dem Lösungsvorschlag übereinstimmt. Schließlich muß noch geprüft werden, ob die Einführung und die Behandlung in der Praxis mit den ursprünglichen Intentionen des Auftraggebers übereinstimmt. Alle diese Schritte könnten in jeweils wenigen Stunden mit einem Personalcomputer durchgeführt werden. Überdies hätten wir damit eine platzsparende, maschinell zu erstellende und zu pflegende, allen Beteiligten verständliche Dokumentation auf kleinstem Raum geschaffen: Ein Petrinetz im Format DIN A3 kann mehr als 100 Seiten konventioneller Projektdokumentation ersetzen.

Die Petrinetz-Technologie erweist sich als ein außerordentlich vielfältig einsetzbares Instrument, das sogar im Rahmen der künstlichen Intelligenz in der Lage wäre, z. B. Inferenzketten vom »Wenn-dann«-Typ zu visualisieren. Beratende Spezialisten dieser Technologie werden in großer Zahl gefragt sein.

8. Kapitel:
Auf der Spur der Sekundäreffekte

Im Zuge der Beschreibung dessen, was die durch den Einsatz der Industrieroboter Betroffenen künftig an Tätigkeiten ausüben sollen, ist ein weiteres Planungsverfahren von besonderer Wichtigkeit, das in den Bereich der Biokybernetik überleitet und mit dessen Hilfe Prinzipien, die in der organischen und anorganischen Natur und ihrer Entwicklung festgestellt werden, für eine künftige umweltkonforme Entwicklung der menschlichen Gesellschaft herangezogen werden können.

Wir wollen uns dieses (mit Petrinetzen verwandtes) Darstellungssystem ansehen. Es stammt aus dem Bereich der Biokybernetik. In zunehmendem Maße in der Praxis angewendet ist dieses System längst aus dem Experimentierstadium heraus. Seine allgemeine Einführung wird weitgehende Rückwirkungen auf unser Zusammenleben und die Art und Weise haben, wie wir in Zukunft Probleme lösen werden.

Das Verfahren heißt »Sensitivitätsmodell«. Das besonders interessante an dieser Denkhilfe ist ihre Fähigkeit, die beim Ändern *eines* Wirkungsfaktors innerhalb eines vernetzten Wirkungsgefüges an anderer Stelle auftretenden *Sekundärwirkungen* sichtbar zu machen. Bei den anstehenden gravierenden Problemen wie die Frage der Ost-West-Bewaffnung, die Nahost-Situation, die Ölversorgung, der EG-Agrarmarkt, die internationalen Währungsrelationen etc. ist es weniger die prinzipielle Schwierigkeit, ange-

sichts der zahlreichen Wirkungsfaktoren eine Lösungsmöglichkeit zu finden, sondern vielmehr die
Angst vor unbekannten Sekundäreffekten, die ein
Festklammern am Status quo bewirkt. Die Situation
kann so sensibel sein, daß auch kleine Eingriffe bereits
an nicht vorherzusehender Stelle verheerende Auswirkungen auslösen können. Das oft propagierte
Vorgehen in kleinen Schritten ist daher ohne weitere
Untersuchung nicht nur unsinnig, sondern auch gefährlich.

Wir wollen nicht den Eindruck erwecken, als seien
wir sofort in der Lage, ein in kürzester Zeit zu erler-
nendes fertiges System zur Lösung derartiger Probleme anzubieten. Ist jedoch ein Planungsprinzip, dessen grundsätzliche Brauchbarkeit bereits vielfach bewiesen ist, einmal computerisiert, so wird die Grenze
seiner Anwendbarkeit durch die Frage bestimmt, auf
welche Weise und wie schnell die erforderlichen Ein-
gangsdaten beschafft und auf einen Satz von Schlüs-
selvariablen reduziert, d. h. systemrelevant aggre-
giert werden können. Zur sehr stark vereinfachten Erklärung der Vorgehensweise wählen wir ein Beispiel
aus der Ökologie in der Annahme, daß der Leser
durch die umfangreichen öffentlichen Diskussionen
in diesem Bereich besser orientiert ist als etwa bei der
Schilderung eines speziellen industriellen Problems.
Zu untersuchen seien Probleme folgender Art: Welche Trassenführung einer Bundesstraße ist aus ökolo-
gischer Sicht die günstigste? Welches Gelände soll in
ein Naturschutzgebiet einbezogen werden? Was darf,
ohne das ökologische Gleichgewicht zu stören, als
Naherholungsgebiet erschlossen werden? Welche

Leichtindustrie kann an welcher Stelle zugelassen werden, ohne in diesem Bereich bestehende Feuchtisotope zu zerstören?

Die Arbeit beginnt, wie bei einem Expertensystem, mit der genauen Definition und Absteckung des zu untersuchenden Bereiches, darüber hinaus aber auch von dessen Wechselwirkungen mit den übrigen Lebensbereichen des Gesamtsystems. Um festzustellen, welche Wirkungsfaktoren dabei aktiv sind, fragen wir die hier lebenden oder arbeitenden Personen an Hand eines *vorläufig* aufgestellten Wirkungsnetzes, welche Faktoren nach ihrer persönlichen Ansicht auf sie einwirken, ihr Tun beeinflussen, Erfolg und Mißerfolg ihrer Arbeit bedingen. Diese offene Befragung ist offenbar psychologisch recht günstig: Die Leute freuen sich, daß sich jemand für ihre Arbeit, ihre Lebensumstände interessiert und sind gerne bereit, Rede und Antwort zu stehen. Dieses Prinzip des völlig offenen Vorgehens wird voll durchgehalten: Die Befragten erleben alle weiteren Schritte mit. Auf diese Weise bekommen wir in wenigen Wochen an die 200 Wirkungsfaktoren und eine beträchtliche Zahl von Beziehungen zwischen diesen genannt. Offensichtliche Doubletten werden ausgeschieden: Einer sagt »die Abgase schädigen«, ein anderer sagt »das CO_2 ist schädlich«. Hier könnte man sich auf CO_2 einigen. Wenn jemand sagt »die Autos sind schuld«, so muß man sich vergewissern, ob auch hier die Abgase gemeint sind oder zusätzlich die Geräusche, die Erschütterungen und das optische Bild. Faktoren, die von nur einer Person benannt wurden, müssen genauer angesehen werden.

Der nächste Schritt ist eine Diskussion mit Personen, die über einschlägiges Wissen verfügen, wie Biologen, Zoologen, Landräte, Großbauern, Forstleute etc. Gemeinsam mit diesen wird versucht, mit Hilfe einer Checkliste aus der Zahl der verbleibenden Wirkungsfaktoren die 20–30 für das System wichtigsten herauszusuchen. Das Ergebnis wird mit den ursprünglich Befragten diskutiert. Mit dieser reduzierten Menge der Hauptfaktoren wird nun die endgültige Vernetzung vorgenommen: Welcher Wirkungsfaktor wirkt auf welchen anderen ein und wie sieht diese Einwirkung aus: Ein Faktor kann einen anderen beeinflussen, ohne daß dieser seinerseits auf den ersten rückwirkt. Die Einwirkung kann wechselseitig sein. Die Rückwirkung kann über mehrere andere Wirkungsfaktoren erfolgen. Das erste Netz kann nun für den definierten Bereich bereits gezeichnet werden.

Wir müssen nun feststellen, in welcher Weise sich die Einwirkung auf andere Wirkungsfaktoren ändert, wenn der beeinflussende Faktor in seiner Stärke variiert: Der Zusammenhang ist keinesfalls immer linear, wie es z. B. bei der Schrittzahl je Minute und der zurückgelegten Entfernung ist: Bei verdoppelter Schrittzahl verdoppelt sich auch die zurückgelegte Entfernung. Er kann z. B. quadratisch verlaufen, wie bei dem Zusammenhang zwischen Geschwindigkeit und Luftwiderstand: Bei Verdoppelung der Geschwindigkeit vervierfacht sich der Luftwiderstand, bei Verdreifachung steigt er auf den neunfachen Wert. Der Einflußverlauf kann auch zunächst linear ansteigen und sich dann einem Sättigungswert nähern. Etc.

Derartige Zusammenhänge können mathematisch ausgedrückt werden.

Es zeigt sich, daß bereits kleine (jederzeit ausbaufähige) Netze dieser Art sehr repräsentativ der Wirklichkeit entsprechende Werte liefern. Sie werden mit einem Hologramm verglichen, bei dem auch ein kleines Teilstück bereits das ganze »wahre« Bild liefert, u. U. etwas lichtschwach. Mit diesem Modell, das *keinen Verbesserungsakt* darstellt, sondern nur ein *Meßinstrument*, ein Experimentierfeld, können, da man nun die kybernetische Rolle der Systemteile kennt, bisher nicht ermittelbare Sekundäreffekte bestimmter Maßnahmen festgestellt werden. Alle zu diesem Thema Befragten können aktiv miterleben, wie z. B. ein scheinbar naheliegender und gutgemeinter Eingriff an bestimmter Stelle hier zwar Abhilfe schaffen, aber an anderer Stelle eine existenzbedrohende Störung verursachen kann, oder feststellen, wie ein (sich im Grunde selbstregulierender Systemteil) unnötigerweise einer ständigen Reglementierung unterlag oder wie bestimmte Systemteile ungeachtet kostenloser Koppelungsmöglichkeiten (z. B. durch Recycling) einen das Gesamtsystem belastenden Input an Energie und Output an Abfällen verlangte, der durch ein einfaches Verbundsystem mit anderen Systemteilen überflüssig wird. Man erkennt Grenzwerte und Schwellenwerte, Umkippeffekte oder auch Ansätze zur Multistabilität, wie sie aus dem Studium der Einzelfaktoren nie ersichtbar sind.

Wo steckt denn nun der Einfluß der Biokybernetik auf das Ganze? Im fünften Kapitel haben wir bereits auf Frederic Vesters kleines Buch »Ballungsgebiete in

der Krise« hingewiesen. Diese Schrift war als vorbereitende Lektüre für die Erklärung der Arbeitsweise in einem Sensitivitätsmodell gedacht, das der Bundesminister des Inneren in Auftrag gegeben hatte und über das im August 1980 ein Bericht vorgelegt wurde. Es handelt sich hierbei um das »UNESCO Man and the Biosphere Projekt 11«, Bericht »Sensitivitätsmodell« von Frederic Vester und Alexander v. Hesler, herausgegeben von der Regionalen Planungsgemeinschaft Untermain. Veranlasser war der Bundesminister des Inneren in Bonn. Das Umweltbundesamt Berlin war der unmittelbare Auftraggeber und Projektbegleiter, Dr. Alexander v. Hesler der Koordinator. An dem Gesamtforschungsvorhaben des MAB-Projektes 11 waren von deutscher Seite beteiligt:
- Das Institut für Pflanzenökologie der Justus-Liebig-Universität Gießen
- Der Lehrstuhl für Geobotanik der Universität Göttingen
- Die Bundesforschungsanstalt für Naturschutz und Landschaftsökologie, Bonn
- Das Institut für Siedlungs- und Wohnungswesen der Westfälischen Wilhelms-Universität Münster
- Vesters eigene Studiengruppe für Biologie und Umwelt GmbH in München.

In dem zweibändigen Bericht »Ökologie im Verdichtungsraum – Biokybernetische Erfassung und Planung: Darstellung der Gesamtdynamik und Entwicklung eines Sensitivitätsmodells« sind die Grundlagen und die Vorgehensweise des Verfahrens bis ins letzte Detail beschrieben worden. Auffallend und neu darin sind vor allem zwei Dinge. Erstens das »Ziel«, nämlich allgemein die »*Steigerung der Überlebensfähig-keit des betrachteten Systems*« (also nicht die Beschreibung eines ausgedachten speziellen Zustandes), denn diese kann durch *viele* mögliche Zustände erreicht werden. Zweitens die *Bewertungsinstanz*, an der dieses Ziel und die Bedingungen zu seiner Erreichung überprüft werden. Es sind dies die Biosphäre und die ihrer Organisation zugrundeliegenden Systemgesetzmäßigkeiten (statt auch hier wieder »erdachte« wirtschaftstheoretisch oder kulturhistorisch bedingte Kriterien heranzuziehen).

In dem Buch »Ballungsgebiete« weist Vester auf die seit Urzeiten funktionierenden, nachahmenswerten Vorgänge im natürlichen Geschehen hin (Stichwort: »Eine Firma, die seit vier Milliarden Jahren nicht Pleite gemacht hat!«). Es wird auch gezeigt, warum das in unserem stark vereinfachten Beispiel des Sensitivitätsmodells erwähnte grobe, nur die Hauptwirkungsfaktoren enthaltende Netz bereits ein »richtiges« Bild des Gesamtgeschehens im definierten Bereich vermittelt: Im fünften Kapitel hatten wir den »Dichtestreß« erwähnt: Im natürlichen Ablauf des Geschehens kommt es dann zu einer erhöhten Dichte, wenn sich bisher völlig voneinander getrennt existierende Bereiche zu überschneiden beginnen. Entweder entsteht hierdurch eine Situation, in der sich große Teile der betroffenen Population selbst vernichten, wodurch die ursprünglich vorhandene Dichte wiederhergestellt wird oder der auftretende Dichtestreß führt zur Bildung eines Systems, das sich auf höherer Stufe durch anderes Verhalten an die neue Dichte anpaßt. Handelt man bei diesem Anpassungsvorgang *nicht* nach biologischen Prinzipien, sondern erzwingt eine (die Selbstregulation verhindernde) auf monokausaler Betrachtungsweise basierende Insellösung, dann führt dieses nach anfänglichen Scheinerfolgen zur Zerstörung des Systems. Wir kennen derartige, aus dem Gleichgewicht ausscherende Teilsysteme seit langem: Die plötzlich auftretenden Heuschreckenschwärme, spontan auftauchende Seuchen, das in Skandinavien immer wieder vorkommende Auftauchen von Millionen von Lemmingen, die sich über die Klippen ins Meer stürzen.

Bei solchen Vorgängen versagt die Selbstregulation, weil, so Vester, »positiven Rückkopplungen« freier Lauf gelassen wird. Jeder, der einmal mit Mikrofon, Verstärker und Lautsprecher gearbeitet hat, kennt das: die akustische Rückkopplung. Bei ungünstiger Positionierung von Mikrofon und Lautsprecher oder zu großer Nähe schaukelt sich der Regelkreis hoch und erzeugt einen nervenzerfetzenden Pfeifton. Dagegen ist eine *negative* Rückkopplung eine Erscheinung, die extreme Abweichungen von der Normallinie dämpft und ein System wieder zur Ruhe bringt. Nun hatten wir schon festgestellt, daß es keine isolierten Regelkreise gibt. Jedes abgegrenzte System ist auch in der Natur nur ein Teilsystem im Verbund mit anderen Systemen. Die kybernetischen Grundregeln, die bereits für den Aufbau einzelner Zellen gelten, sind im Prinzip immer die gleichen, von den kleinsten Systemen bis hinauf zu den größten Systemkomplexen. Hierdurch wird jedes System selbstregulierend, wenn seine Subsysteme selbstregulierend sind. Daraus folgt, daß man beim Anfertigen von Sensitivitätsmodellen unter Berücksichtigung biokybernetischer Vorgänge damit rechnen kann, daß in der Grobstruktur der betrachteten Ebene auch die Wirkungsfaktoren einer niedrigeren Ebene mit ihren Wechselwirkungen *automatisch enthalten sind.* Vester nennt dieses das »Implizite Grobraster«. Hierdurch wird es möglich, bereits aus wenigen relevanten Daten Aufschlüsse über die Funktion eines Systems zu erhalten. Bringt man für das Wirkungsnetz dieser Daten die biokybernetischen Grundregeln zur Anwendung, so bedeutet dies daher auch automatisch eine Verbesserung der Überlebensfähigkeit des *übergeordneten* Systems, wie auch der *untergeordneten* Teilsysteme. Vester hat acht biokybernetische Grundregeln aufgestellt:

1. *Negative Rückkopplung*
   Die negative Rückkopplung ist das wichtigste stabilisierende Organisationsprinzip in Kreisprozessen bzw. zwischen Grenzwerten. Ein Umschlagen in eine positive Rückkopplung, die nicht mehr von einer negativen Rückkopplung kontrolliert wird, würde Aufschaukeln nach oben oder unten bewirken, also Explosion oder Einfrieren. Beides vernichtet das störende Teilsystem.

2. *Unabhängigkeit vom Wachstum*
   Der erwünschte Zustand eines stabilen Gleichgewichts ist unvereinbar mit einem kontinuierlichen Wachsen des Systems. Teilsysteme, die nicht mehr wachsen, sind in ihrer Funktion optimal. Vorübergehend wachsende Systeme sind nicht gefährdet; werden sie jedoch *abhängig* vom Wachstum,

so müssen sie früher oder später in einer Selbstzerstörung enden.

3. *Unabhängigkeit vom Produkt*
Für sehr kleine ebenso wie für die größten biologischen Kreisprozesse ist typisch, daß eine funktionsorientierte Unterscheidung jedes Bausteins eines Systems auch auf die jeweils gebildeten Produkte übertragen wird, die damit vorübergehend und sekundär werden. So sollten sich z. B. Elektrizitätswerke nicht als Stromerzeuger, sondern als Energielieferanten betrachten, die auch in der Lage sind, die Energienachfrage herabzumindern oder den Energieverbrauch durch Alternativen zu ersetzen.

4. *Das Judo-Prinzip*
Der Einsatz bereits existierender Kräfte und Energien und deren Steuerung und Umlenkung im gewünschten Sinne. Der unglaublich hohe energetische Wirkungsgrad der Natur wird hierdurch erreicht.

5. *Das Prinzip der Mehrfachnutzung*
Möglichst kein Produkt und kein Verfahren sollte nur für *einen* Zweck einsetzbar sein. Alle acht hier aufgeführten biokybernetischen Grundregeln zielen letzten Endes auf diesen Zweck hin.

6. *Das Prinzip des Recycling*
In der belebten Natur gibt es keine Abfallstoffe, da diese nutzbringend in den lebendigen Kreislauf der beteiligten Systeme wieder eingegliedert werden. In Kreisprozessen verschwindet automatisch der Unterschied zwischen Ausgangsstoff und Abfall

ebenso wie im kybernetischen Regelkreis Ursache und Wirkung verschmelzen.

7. *Das Prinzip der Symbiose*
Das Zusammenleben artfremder Organismen und Systeme zu deren gegenseitigem Nutzen. Sie führt immer zu einer beträchtlichen Rohstoff-, Energie- und Transportersparnis für alle daran beteiligten Glieder. Das bedeutet jedoch Vielfalt auf kleinem Raum. Monostrukturen erlauben daher keine Symbiose und sind aufwendiger und anfälliger.

8. *Biologisches Grunddesign*
Jedes Produkt, jede Funktion und jede Organisation sollten mit der Biologie des Menschen und der Natur vereinbar sein. Dieses ist nicht nur eine ökologische, sondern in zunehmendem Maße auch eine ökonomische Forderung.

Auf biokybernetischer Basis beruhende Problemlösungen für die *Industrie* werden auch vom Management-Zentrum in St. Gallen, unter der Leitung von Dr. Fredmund Malik, durchgeführt. Manch einer ist überrascht, daß diese Art des Vorgehens auch in Bereiche eingedrungen ist, bei denen der Laie keine Verbindung zu Vorgängen in der Natur vermutet. Als Beispiel hierfür nennen wir einen Aufsatz von Prof. Dr. Elmar Mayer, Fachhochschule Köln, der in der GEBERA-Fachpublikation Bd. 11: Entwicklungen und Erfahrungen aus der Praxis des Controlling (II) 1982 unter dem Titel »Biokybernetisch-orientiertes Controlling als Unternehmensphilosophie?« erschienen ist.
Überraschend ist, daß derartige Untersuchungen von

relativ kleinen Gruppen (fünf bis zehn Mann) durchgeführt werden können. Bisher werden Klein- und Tischrechner als Arbeitshilfen verwendet. Eine Realisierung der prinzipiellen Vorgehensweise und des jeweils problemindividuellen Anwendungsrepertoires auf handelsüblichen und preiswerten Arbeitsplatzrechnern wird z. Zt. betrieben. Jede Organisation, jedes Landratsamt, jedes Stadtbauamt, jedes Kreditinstitut etc. könnte sich ein Drei-Mann-Team leisten, ausgestattet mit dem erforderlichen Know-how und einem Rechner, der heute noch zwischen 20 000 und 30 000 DM kostet. Hiermit könnten sehr viel höhere Kosten vermieden werden, die sich aus falschen Planungen, endlos hinausgezögerten Debatten um Varianten, unfruchtbarer Diskussion mit Kreisen deren Interessenlage anders ist, ergeben.

Manifestationen kolossaler Fehlplanungen hätten vermieden werden können. Fachleute verweisen auf das Beispiel des Assuan-Staudammes: Ein Sensitivitätsmodell hätte schnell gezeigt, daß durch die Ablagerungen fruchtbaren Schlamms oberhalb des Dammes exzessiver Wasserpflanzenbewuchs auftreten wird, der einer explosiven Vermehrung einer bestimmten Schneckenart Vorschub leistet, die zu den Verbreitern der Bilharziose gehört. Es wäre offenbar geworden, daß durch Wegfall der natürlichen Düngung durch die Überschwemmungen mit Nilschlamm die Bodenmineralien durchschlagen und eine Versalzung der Felder auftreten wird, die den Anbau für die Ernährung des Landes wichtiger Pflanzen unmöglich macht. Die Wirkungen reichen bis hinaus in das Nildelta, das nun keine Nährstoffe mehr in das Mittelmeer trägt, wodurch die Sardinen ausblieben und der ägyptischen Fischereiwirtschaft damit zeitweise die Existenzgrundlage entzogen wurde. So entpuppt sich denn das anfangs bewunderte Riesenprojekt des Assuan-Staudamms als ein Objekt leichtsinniger Profilierungssucht von in Unkenntnis und deshalb verantwortungslos handelnden Politikern, die ihrem Land dadurch schwerste Schäden zugefügt haben, und der ebenso gedankenlosen Renommiersucht einzelner Nationen, die ihre technische Leistungsfähigkeit um jeden Preis demonstrieren wollten.

9. Kapitel:
Die Langfristplanung
des Automobilherstellers Xcars

(Diese Geschichte ist frei erfunden. Jede Ähnlichkeit mit wahren Begebenheiten wäre logisch und sehr wahrscheinlich.)

Es war einmal eine Automobile herstellende Firma namens Xcars, die in der ganzen Welt einen guten Ruf hatte. Sie stellte zwei Produktreihen her: Fahrzeuge der Reihe »Delphin«, nach dem modernen Baukastenprinzip hergestellte Autos, die den Bereich der oberen Mittelklasse bis zur Nobelklasse überdeckten, und eine zweite Baureihe mit dem Namen »Baracuda«, die Kleinfahrzeuge bis zur gehobenen Mittelklasse umfaßte. Dem Zeitgeschmack folgend gab es für beide Serien auch Off-Road-Versionen mit Allradantrieb. Die Fertigung war modern: Halbautomaten, NC-Maschinen und computergesteuerte Versorgungsstationen am Montageband gab es seit langem. Die technische Qualität der Fahrzeuge war hervorragend, teilweise Leitbild für die ganze Branche.

Bereits in den 50er Jahren unterhielt jede größere Automobilfirma ein Zukunftsbüro, in dem hinter verschlossenen Türen versucht wurde, Design und technische Zielsetzung für einen Zeitraum zu ermitteln, der zehn Jahre in der Zukunft lag. So lange dauerte es nämlich, bis das Konzept eines neuen Modells von der Idee zur Serienreife entwickelt war, die Fertigungsstraßen hierfür aufgebaut, die Service- und Vertriebsmöglichkeiten gesichert waren. Die Popularität ihrer

Erzeugnisse und der damit verbundene gute Gewinn ermöglichte es der Firma Xcars mehr noch als sonst ohnehin in der Branche üblich nach Möglichkeiten zu suchen, eine sichere Langfriststrategie zu verwirklichen. Die Gründung eines Zweigwerkes in den USA ermöglichte ein unauffälliges Erkunden der Vorgehensweise in einem Land, in dem alle Klimazonen, von der Arktis bis zu den Tropen, von hundertprozentiger relativer Luftfeuchtigkeit bis zur absoluten Trockenheit in den Wüsten vorkamen. Fahrzeuge mußten Höhenunterschiede von bis zu 4000 Metern überwinden. Jedes Jahr wurde das Modell gewechselt. Die damit verbundenen Umstellungsschwierigkeiten mußten beherrscht werden. Seit Beginn der 70er Jahre gab es dort bleifreies Benzin. Monströse Versuche zur Errichtung automobilgerechter Mammutstädte zur Überwindung der ungeheuren Fahrzeugdichte einerseits und die Notwendigkeit, auf schlechten Straßen in größter Einsamkeit lebenserhaltende Verbindungen herzustellen, bilden einen Teil der Probleme, die in Europa in dieser Größenordnung nicht auftreten. Die hohe Zahl der Illiteraten und primitiven Benutzer ließen bei den Konstruktionen robusten Aufbau, leichte Wartbarkeit und simpelste Bedienung wichtiger erscheinen als raffinierte technische Lösungen. Durch die große Automobildichte wurde das Parkproblem immer schwieriger, Drive-in-Kinos, Drive-in-Bankschalter, Drive-in-Restaurants, ja sogar Drive-in-Friedhöfe sorgten daher dafür, daß das Fahrzeug gar nicht mehr verlassen werden mußte. Durch das Herstellen von Autos in dieser Umgebung konnte Xcars in einer Weise Erfahrungen sammeln, wie sie durch nur passives Studieren nicht hätten erworben werden können.

In den dortigen Ballungsgebieten ist früher als in Europa der Zeitpunkt zu erwarten, in dem die Automobildichte ein Ausmaß erreicht, das vernünftiges Bewegen verhindert. Was geschieht dann? Was werden Automobilfabriken nach einem solchen Zeitpunkt herstellen?

Diesem Thema wurde in den USA Ende der 60er Jahre große Aufmerksamkeit gewidmet. Das Experimentieren mit »People-Movers« (Menschenförderern) begann auf eine typisch amerikanische Weise: In Anaheim bei Los Angeles entstand Disneyland. Hier wurde alles im Großen ausprobiert: Eine Einschienenbahn umfährt auf einer 10 km-Strecke das Gesamtgelände und hält dabei in der Halle mehrerer Hotels. Es gibt auf Schienen, auf Luftreifen, auf Seilen fahrende, ferngesteuerte und personell gesteuerte Kleinkabinenbahnen. Es gibt zu beliebig langen Ketten kombinierbare Kabinenbahnen, Großkabinen, Förderbänder. Es gibt rolltreppenartige Wege, die Höhenunterschiede überwinden, sowie alle möglichen Arten von Schwebebahnen, in denen die Leute sitzend oder stehend über größere Strecken befördert werden. Scheinbar im Wasser schwimmende, in Wirklichkeit aber unter Wasser auf Schienen laufende Fahrzeuge vom Zehn-Mann-Boot bis zum Mississippi-Dampfer, legen komplizierte Fahrstrecken zurück, gesteuert durch unterschiedliche Lenksysteme, die rein mechanisch, aber auch induktiv oder kapazitiv wirken. Sogar Unterseeboote werden auf diese Weise bewegt. In einer Vielzahl von Shows treten animierte Androiden auf, lebensgroße Puppen, die sprechen und so lebensechte Bewegungen ausführen, daß sie nur aus nächster Nähe als Nicht-Menschen zu erkennen sind. Obwohl dieses keine Roboter sind, da sie nur ein einziges festes Programm abspielen können, wird damit doch der perfekte Stand der Ende der 60er Jahre bereits erreichten Servotechnik demonstriert. Für das alles zahlen Millionen Besucher, die gleichzeitig mit den abgegebenen Benutzerbons aus ihrem als Eintrittsausweis erworbenen Guscheinheft darüber abstimmen, welche Transportmittel sie gerne benutzen. Xcars konnte Kontakte mit den Herstellern derartiger Transportmittel und Steuerungen und der beteiligten Elektronik- und Computerfirmen aufnehmen. Frühzeitig wurden praktische Kenntnisse der Möglichkeiten der künstlichen Intelligenz erworben.

Als in der Bundesrepublik Deutschland beginnend mit der Erdölkrise eine ganze Reihe weiterer Krisen ausgelöst wurden, gab es einen Boom bei der Baracuda-Baureihe, da die Fahrzeuge dieser Reihe wesentlich wirtschaftlicher zu betreiben waren. Xcars schraubte die Fertigung der Delphin-Serie zurück, entwickelte aber in weiser Voraussicht auch auf diesem Gebiet weiter. Insbesondere mußte untersucht werden, wie die Auswirkungen alternativer Treibstoffe auf die Antriebsaggregate in den künftigen Jahren aussehen werden. Hierfür kam ein recht breites Spektrum vom Methan über Bio-Alkohol bis zum Wasserstoff in Frage. Das Treibstoffproblem war ohnehin durch die Forderung nach rückstandsfreier Verbrennung akut geworden. Den Fachleuten war klar, daß diese alternativen Brennstoffe gegenüber

167

dem heute üblichen Benzin im Verbrennungsmotor geringere Leistung erbringen würden. Es war daher nur logisch, nach Möglichkeiten zur Leistungssteigerung des Kolbenmotors zu suchen. Als erste Anzeichen andeuteten, daß die Wirtschaftslage durch die Tätigkeit der progressiv arbeitenden Unternehmen eine Wende zum Besseren nehmen würde, stieg die Nachfrage nach Autos auch der größeren und leistungsfähigeren Modelle wieder an.

Die Automobilbranche ist ein Wirtschaftszweig, von dem ein Maximum an Zulieferanten und eine riesige Infrastruktur wie Werkstätten, Tankstellen, Raststätten, Parkhäuser etc. abhängt. Will eine Regierung das Wiederanspringen der Wirtschaft fördern, so ist es zweckmäßig, die Subventionen nicht nach dem Gießkannenprinzip zu verteilen, sondern jene Unternehmen besonders zu fördern, die, wie die Automobilindustrie, zu den Schlüsselindustrien gehören.

Unsere Firma Xcars war weise genug, derartige Förderungen nicht zu beantragen. Sie ist deswegen völlig frei in ihren Entschlüssen. Sie hatte sich aus Amerika einige Spezialisten für Industrieroboter und künstliche Intelligenz beschafft, entsprechende Abteilungen gegründet und sich dem Rat der neugegründeten Abteilungen folgend aus Diversifikationsgründen entschlossen, selbst die Roboter für die Rationalisierung ihrer Fertigungen herzustellen. Die Herstellung im eigenen Hause ist nicht nur ein zukunftssicheres weiteres Standbein, sondern garantiert auch schnellste Rückwirkung der gemachten Erfahrungen auf den technischen Fortschritt in Herstellung und Einsatz der Roboter.

Auch die Herstellung leistungsfähiger Industrieroboter braucht Zulieferer. Die notwendige Elektronik, die Servomotoren, die Sensoren und die Mikroprozessoren bezog Xcars von einer großen Elektrofirma. Diese befand sich in einer anderen Situation: Während die Automobilhersteller Maschinen bauen, die ganz auf den Menschen zugeschnitten sind, die der Mensch bedient, in denen er sich wohlfühlen und sicher aufgehoben sein soll, sind die Produkte der Elektrofirma in der überwiegenden Mehrzahl miniaturisierte Gebilde, denen man ihre Verwendungszwecke nicht ansieht und über deren angeblich menschenfeindliche Auswirkung wilde Gerüchte umlaufen. Auch ohne intensiven Robotereinsatz und Automation bringt es die hier angewandte Technologie mit sich, daß die Erzeugnisse selbst Geräte ersetzen, zu deren Herstellung und Bedienung früher eine größere Anzahl von Menschen benötigt wurde als jetzt. Die Anzahl der von der *Automation* Betroffenen ist daher nicht in gleichem Maße spektakulär. Auch die Konkurrenzsituation, die Zuliefererstruktur ist eine völlig andere: Auf dem Entwicklungssektor kann kleinen Firmen eine revolutionäre Entwicklung gelingen, die den großen Firmen zu schaffen macht. Technologien lösen sich schneller ab, vorhandene Fertigungskapazitäten sind nicht ausgenutzt und werden es auch in Zukunft kaum mehr sein. Der Vorteil der großen Firma und ihr eigentliches Feld ist die Durchführung von komplexen Großaufträgen. Hierbei entwickelte die Firma Leitsysteme, elektrische Antriebe, Magnetantriebe, ist Spezialist auf allen Gebieten der Telekommunikation etc. Xcars bietet der Elektrofirma daher

Zusammenarbeit auf einigen Gebieten an: Gegenseitiger Know-how-Austausch wird als dringend notwendig erkannt.

Schlüssel zu allem folgenden ist die künstliche Intelligenz. So hatte bereits 1982 Prof. Dr. Ing. G. Spur, Leiter des Fraunhofer-Instituts für Produktionsanlagen und Konstruktionstechnik, Berlin, für seine avancierte Industrie-Roboter-Entwicklung ein Expert-System aufgebaut. Auch die Elektrofirma baut eine Gruppe für künstliche Intelligenz auf. Das erste Expert-System hat als Thema die Weitergabe von Know-how. Die Elektrofirma kann damit dann Mitarbeitern, Kunden und Partnern das notwendige Wissen über den Einsatz ihrer Produkte bei der Roboterherstellung in Form eines Informationspaketes anbieten. Die Firma Xcars verwendet dieses Informationspaket selbst für die Schulung der eigenen Fertigung, für die Ausbildung weiterer Spezialisten auf dem Gebiet des Robotereinsatzes und vermittel das Paket außerdem an andere Roboterhersteller und Anwender. Inzwischen hat Xcars mit Milliardenaufwand seine Konstruktionsbüros, Entwicklungs- und Designstellen auf robotergerechte Entwicklung ausgerichtet sowie Fertigung und Montage auf Roboterbetrieb umgestellt. In kurzer Zeit haben sich die Roboter amortisiert. Bereits bei der Einrichtung der vollroboterisierten Montagestraßen hat man die Erfahrungen der Elektrofirma genutzt, die diese im praktischen Einsatz oder aus Großversuchen mit induktiver oder kapazitiver Steuerung von Transportgeräten durch die im Boden eingelassenen, sozusagen als Senderantennen wirkenden Leitkabel gemacht hat und die inzwischen ein weiteres Informationspaket über Planung, Vorbereitung, Einbau und Betrieb derartiger Einrichtungen als Ware vermarktet.

Durch den Austausch der Ergebnisse der im Rahmen der künstlichen Intelligenz erfaßten Themenkreise kann nun die Vorbereitung und Planung der Autonachfolgesysteme in Angriff genommen werden. Inzwischen haben bei Xcars die Entwicklungsarbeiten zu beachtlichen Leistungssteigerungen bei den Kolbenmotoren geführt, wobei gleichzeitig der Verbrauch, die Geräuschentwicklung, die Lebensdauer, das Gewicht und die Wartbarkeit entscheidend verbessert werden konnten. Das autofahrende Publikum ist begeistert und verlangt Automobile, die mit derartigen Motoren ausgestattet sind. Die Karosserieschneider haben inzwischen mit Computerhilfe Aufbauten mit niedrigem Cw-Wert entwickelt und sie gleichzeitig sicherer, langlebiger und korrosionsbeständiger gemacht. Xcars liefert Autos, die zu den schnellsten und sichersten Serienautomobilen der Welt gehören. Ganze Scharen von Kritikern – denen man ihre Kritik nicht übelnehmen darf, da sie keine Möglichkeit zur Information über die Hintergründe haben – bezeichnen die Entwicklung derartiger Automobile als einen Schritt in die falsche Richtung. Die sprunghaft zunehmende Verkehrsdichte auf den Straßen werde schnelles Fahren in aller Kürze ohnehin unmöglich machen.

Die Langfristplaner bei Xcars sehen das anders: Die Umsatzsteigerung der Delphin-Serie ist, solange sie anhält, im Sinne der Beschäftigungspolitik nur gut. Neuentwicklungen, die später auch anderen Fahr-

zeugkategorien zugute kommen sollen, wie Anti-
blockiersystem, Mehrachsenantriebe, aufwendige
Vorkehrungen zur Steigerung der inneren und äuße-
ren Sicherheit, Schalldämmung, Navigations- und
Kommunikationssysteme und ähnliche Entwicklungen haben heute noch ihren Preis und müssen sich be-
währen. Sie können z. Zt. nur in ohnehin teure Fahrzeuge eingebaut werden. Andere Entwicklungen, wie
die zunehmende Verwendung neuer Werkstoffe, neuer Designtrends, lassen sich »top-down« besser ein-
führen als »bottom-up«. Auch der zunächst noch hohe Platzbedarf für die Unterbringung von Speichern
etwa für die gefahrlose Mitnahme ausreichend großer
Mengen von Wasserstoff oder elektrischer Energie
spricht für große Fahrzeuge. Erst weitere Technologien werden die Miniaturisierung derartiger Geräte
und ihre Unterbringung auch in Kleinfahrzeugen ermöglichen. Aber: Die Anwendung all dieser bereits
serienreifen oder in Prototypen realisierten Entwicklungen sehen die langfristigen Planer nicht nur für
Automobile in der traditionellen Form, sondern auch
für gänzlich andere Transportsysteme vor. Es wird
nicht leicht sein, die Menschen in zunehmendem Maße davon zu überzeugen, ihr meistgeliebtes, Indivi-
dualität und Freiheit garantierendes technisches Produkt, das Automobil, nur noch für besondere Zwecke
zu benutzen und sich zum überwiegenden Teil öffentlicher Transportsysteme zu bedienen.
Die Planungstruppe von Xcars zieht aus der Beschäf-
tigung mit der Biokybernetik zwei Erkenntnisse: Ein
auftretender Dichtestreß bietet zwei Auswege: Die
Wiederherstellung der ursprünglichen Dichte durch

bewußte Forcierung der positiven Rückkopplung einerseits und andererseits ein Hinführen zu einem anderen Verhalten nach dem Vorbild der Verteilung und Steuerung der Transportträger in einer Weise, wie sie in belebten Organismen stattfindet: Ein Chaos, entstanden durch individuelle Bewegungen von Transportträgern mit den dadurch hervorgerufenen Unfällen und Staus kann dadurch vermieden werden, daß die Transportträger wie in den Adern eines organischen Systems in eine »geregelte Dichte« gebracht werden, die in kreuzungsfreien Bahnen geführt und am Zielpunkt je nach Zielcode wieder verzweigt wird. Abstand und Geschwindigkeit der Transportträger sind für alle gleich. Der Abstand kann daher minimiert und die Geschwindigkeit maximiert werden. Die Technologien hierfür sind bereits vorhanden: Sie können in den 1982/83 eingerichteten Leiteinrichtungen für Transportroboter noch besichtigt werden. Die existierenden Informationspakete für die Know-how-Vermittlung bezüglich der Steuerorgane in den Robotern und der Technologie der Unterpflaster-Leitkabel sind vorhanden. Xcars investiert einen Teil des Gewinns aus dem Robotereinsatz in die Entwicklung einer Zusatzsteuerung zum Einbau in private Automobile. Ein Großversuch, in dem zwei Stadtteile mit sehr hohem Verkehrsaufkommen über einen Schnellweg miteinander verbunden sind, kann zum größten Teil ebenfalls von Xcars finanziert werden. Die Automobile würden, individuell gelenkt, an den besonders gekennzeichneten Einfahrschnittstellen die Steuerung dem Robotersystem übergeben, das gleichzeitig die Individualsteuerung abschaltet. An der gewünschten Abfahrtschnittstelle angekommen, wird die personelle Steuerung wieder aufgenommen und das Fahrzeug auf konventionelle Weise bis zum individuellen Zielort gelenkt.

Organisatorisch hat sich inzwischen folgendes ergeben: Xcars hat zwei selbständige Betriebe ausgegründet: Einen für Roboterfertigung sowie einen für die Herstellung von Informationspaketen für die Einsatzberatung. Ferner haben Xcars und die Elektrofirma eine gemeinsame Tochter »Verkehrsleitsysteme« gegründet.

Drei Probleme allgemeiner Art sind aufgetaucht: Es wird offenbar, daß die durch Industrierobotereinsatz und neue Technologien wirklich Geschädigten die Entwicklungsländer sind. Viele Industriebetriebe hatten ihre Erzeugnisse in Billiglohnländern montieren lassen. Die Industrieroboter im eigenen Lande tun dieses heute billiger, schneller, flexibler und ohne relativ hohe Transportkosten zu verursachen. In der Dritten Welt hatte bereits der Versuch der Einführung konventioneller Technologien große Schwierigkeiten gemacht, da sie einen zu großen Bruch mit der örtlich gewachsenen Mentalität und Lebensweise darstellten. An die modernen Technologien der Informationsgesellschaft müssen derartige Populationen über viele Übergangsstufen äußerst behutsam herangeführt werden. Der Initialaufwand ist erheblich, da die Bewohner dieser Länder nicht lesen können, ein Selbstunterricht daher nicht stattfinden kann.

Ein weiteres Problem ist der hohe Bedarf an Testgruppen. Bei einer effizienten Planungstechnologie ist der Akzeptanztest für ein neues Produkt, eine neue

174

Organisation, eine neue Verhaltensvorschrift etc. ein sehr wesentlicher Bestandteil. Die Testgruppe muß nicht ständig, sondern nur sporadisch zur Verfügung stehen. Sie sollte aus besonders kritischen Personen bestehen, die nicht dazu neigen, spontan »auch mal etwas Neues auszuprobieren«. Wenn aufgrund der Testergebnisse das Testobjekt geändert wurde und erneut getestet werden soll, muß dieses durch eine andere Testgruppe geschehen, da die erste bereits voreingenommen ist. Da überdies die Neuentwicklungen in schnellerer Folge auftreten, werden diese Gruppen in größerer Zahl benötigt als bisher.

Das dritte Problem nimmt eine Sonderstellung ein, weil es seit Urzeiten immer dann auftritt, wenn ein grundlegender Wechsel erfolgt: von einer Weltanschauung in eine andere, von einer Religion in eine andere, von einer Technologie in eine fortschrittlichere, aber auch beim Übergang zum Fosbury-Flop beim Hochspringen. Derartige Übergänge wurden, soweit das möglich war, durch den Einsatz didaktischer Mittel abgekürzt (Fosbury-Flop) oder es wurden durch Kommentare, Veröffentlichungen und Reden lediglich neue Grenzen abgesteckt, wie beim Übergang von unserer durch zahlreiche Traditionen, Konventionen und Regulativen bestimmten Verhaltens- und Denkweise vor und während des letzten Krieges zu den Artikulationsmöglichkeiten, die unsere moderne »Demokratie« den Jüngeren heutzutage bietet. Kennzeichnend ist jedesmal, daß nur für eine mehr oder weniger kurze Übergangszeit die alte und die neue Form nebeneinander existieren und danach die neue Generation, die das alte nie kennengelernt hat, sich gar keine andere Verhaltensweise als die neue vorstellen kann. Die Probleme, die mit Hilfe der fünften Generation durch den Übergang zur Informationsgesellschaft gelöst werden können, sind so gravierender Art, daß der Übergang vom Alten zum Neuen so schnell als möglich vollzogen werden muß. Mit Hilfe hierfür errichteter Expertensysteme können für die kurze Übergangszeit spezielle Wissensträger ausgebildet werden, die sowohl die hierfür geeigneten Curricula für den Selbstunterricht verfassen als auch dort, wo notwendig, ergänzenden Frontalunterricht abhalten. Didaktische Elemente wie das Entlernen, das Motivieren hierzu etc. treten nach der Übergangsphase nicht mehr auf. Die für diese Übergangsphase speziell geschulten Didaktiker wären also nach dieser Übergangsphase selbst wiederum obsolet. Es liegt auf der Hand, hierfür alterfahrene Senioren einzusetzen, die nach Ablauf der Umschulungsperiode nicht ein weiteres Mal selbst umgeschult werden müßten.

Das Heranführen der Entwicklungsländer an die modernen westlichen Technologien verläuft im Prinzip ähnlich. Nur ist hier die Übergangszeit wesentlich länger. Auch hierfür sind Curricula zu schreiben, die mit Hilfe der maschinellen Übersetzung in die betreffenden Landessprachen übertragen und dort zunächst im Frontalunterricht vorgetragen werden müssen, bis die Phase des Analphabetismus überwunden ist. Bereits Ende der 70er Jahre zeichnete sich ab, daß trotz allen Opfermutes, aller Hingabe und aller guten Absichten der jungen Entwicklungshelfer auf die Erfahrung der Alten, insbesondere in der Dritten Welt, nicht verzichtet werden kann. Man geht daher dazu über, diejenigen unter den Senioren, die hierzu noch gesundheitlich in der Lage sind, jeweils kurzfristig zu engagieren: Eine ständige Anstellung ist weder erforderlich, noch opportun. Der Einsatz erfolgt befristet, jeweils auf einige Monate, ohne daß ein reguläres Gehalt gezahlt wird. An dessen Stelle tritt eine großzügige Taschengeld- und Spesenregelung. Der Einsatz muß keinesfalls im Entwicklungsland selbst erfolgen. Schließlich ist die ältere Generation auch prädestiniert, um in dem beschriebenen Sinne als Testgruppe zu arbeiten.

Das Problem der Älteren ist die Vereinsamung, das Gefühl, nicht mehr benötigt zu werden. Durch die dann einsetzende Hoffnungslosigkeit wird die Hypochondrie und das Entstehen von tatsächlichen Krankheiten gefördert. Es ist anzunehmen, daß durch ein Heranziehen der Älteren im Rahmen wichtiger Entwicklungspläne auch der Grund für frühzeitige Invalidität entfällt und indirekt dadurch erhebliche Behandlungs- und Pflegekosten eingespart werden können.

Die Xcars-Werke haben durch ihr Vorführobjekt bei einigen Kommunen den Entschluß ausgelöst, ihrerseits den innerstädtischen Verkehr durch derartige Leitsysteme anstelle der bisherigen öffentlichen Transportmittel einzurichten: Transportkabinen werden zur Verfügung gestellt, die nun nicht mehr über eine Individualsteuerung verfügen, sondern ausschließlich durch das Leitsystem von beliebigen Benutzern durch Eingabe des Zielcodes dorthin geführt werden, ohne jemals das Leitsystem zu verlassen. Zweckmäßigkeitsgründe führen schnell dazu, die Außenabmessungen für private und kommunale Transporteinheiten in gleicher Weise zu normen, damit sich auch private Fahrzeuge der innerurbanen Leitsysteme bedienen können. Xcars tut nun einen weiteren organisatorischen Schritt: Der Firmenname wird geändert in »X-Transporter« mit den Divisionen »Private Module« und »Öffentlicher Verkehr«. Eine Division für Antriebssysteme kommt hinzu. Hier wird das Prinzip des multiplen Nutzens angewendet: Energie- und herstellungstechnisch hat der Elektroantrieb gegenüber dem Verbrennungsmotor den Vorteil, unter Last anlaufen zu können und kein Getriebe etc. zu benötigen. Eine alte Idee wird wieder aufgegriffen: Ein Elektroantrieb wird in jedes Rad eingebaut. Der Allradantrieb wirft dann keine Probleme mehr auf. Die Funktion des Differentials kann durch einen Mikroprozessor wahrgenommen werden, der die Drehzahlen der Radmotoren auf dem Außen- und Innenradius entsprechend regelt. Das Bremsen geschieht durch Umpolen des Antriebes: Beim Bremsen wirkt der Antrieb als Generator und pumpt Energie zurück. Energiequelle ist zunächst eine geräuschgekapselte Einheit aus Leichtdiesel und Generator, die zu gegebener Zeit durch einen jetzt noch in Entwicklung befindlichen Leichtakkumulator mit hoher Energiedichte ersetzt werden kann. Die Diesel-Generatorkombination bleibt jedoch für den Einsatz in Entwicklungsgebieten interessant. (Die schwedische Firma VOLVO hatte bereits im Jahr 83 den Prototyp eines derartigen Dreizylinder-Diesels entwickelt, der als Vielstoffmotor auch mit vegetabilen Ölen, mit Alkohol und Leichtbenzin betrieben werden kann.) Die öffentlichen urbanen Verkehrsmittel haben demgegenüber die Möglichkeit, durch Schleifkontakte Energie aus dem öffentlichen Netz aufzunehmen. Ein weiterer Nutzen des nicht in die Radnabe, sondern regelrecht in das Rad selbst eingebauten Elektroantriebes liegt auch darin, daß für den Geländebetrieb (off-road-transportation) lediglich die Räder selbst in solche mit entsprechend größeren Reifen und stärkeren Antrieben ausgetauscht werden müssen. Der Aufbau entsprechender örtlicher Betriebe für Wartung und Verleih derartiger Aggregate gehört zur Neuorientierung der Infrastruktur für das Transportwesen.

Die Elektrofirma hat inzwischen in ähnlicher Weise den zwischenstädtischen Verkehr über größere Entfernungen durch Magnetschwebebahnen mit Linearantrieb erprobt. Die Transporteinheiten dieser Bahn enthalten nicht nur Großraumflugzeug-ähnliche Passagiereinheiten, sondern auch solche, in die containerartig private Transportmodule eingefahren werden können, die dann am Zielort sich direkt wieder in urbane Leitsysteme einschleusen können.

Der bereits 1983 einsetzende Trend zu sehr schnellen Bahnen nach dem Muster der französischen Train de Grand Vitesse und des japanischen Shinkansen-Expreß hat in der Bundesrepublik Deutschland zur Notwendigkeit geführt, Streckenbegradigungen durchzuführen und die notwendigen Kurven mit entsprechend großen Radien auszulegen. Bereits 1983 ließ sich absehen, daß hierfür teilweise sehr lange Tunnelstrecken eingerichtet werden müssen. Dieses hat zur Entwicklung von speziellen Robotern für die Untertagearbeit geführt, die nun auch in Bergwerken, die ohnehin schon Anfang der 80er Jahre einen hohen Automationsgrad aufwiesen, verwendet werden. Mit Hilfe dieser Roboter gelingt es nun in Regionen vorzustoßen, die wegen der rasch ansteigenden geologischen Wärme für den Menschen nicht mehr erreichbar sind. Die Wetterführung kann sich auf den Schlagwetterschutz beschränken. Es besteht sogar die Möglichkeit, die Stollen mit funkenverhindernden Gasen zu füllen.

Inzwischen haben die Industrieroboter kleine Kollegen bekommen. Aber das ist, wie Rudyard Kipling sagen würde, eine andere Geschichte.

10. Kapitel:
Die Robbies kommen

Wir verlassen nun wieder das Planungsthema mit seiner Vielzahl von Arbeitsmöglichkeiten und wenden uns einer Art des Robotereinsatzes zu, die zwar alle Möglichkeiten der Industrieroboter nutzt, jedoch einen ganz anderen Zweck verfolgt. Sie wird eine Anzahl neuer Berufe ins Leben rufen, bei denen *ein* Roboter mindestens zwei Menschen in Arbeit setzen wird. Wir sprechen von dem unmittelbar einer Person als Handlanger beigeordneten Kleinroboter. Zunächst sind diese Personen Behinderte und Gelähmte und die Roboter haben den Charakter von Fernprothesen (off-line-aids). Diese kleinen Roboter sind meist einarmig, arbeiten in sechs Achsen und gehören der dritten Generation an. Im SPIEGEL vom 11.7.83 wurde über eine Entwicklung der Stanford University berichtet: Der kleine Roboter wurde im Veterans Hospital von Palo Alto in Kalifornien eingesetzt und ermöglichte dort Gelähmten und mehrfach Amputierten eine eigenständige Lebensführung. Er kann auf *gesprochenen* Befehl – den er seinerseits mittels Sprachsynthetisator und Lautsprecher als »verstanden« quittiert – eine ganze Reihe von Handreichungen ausführen: Er kann Bücher aufnehmen, Buchseiten umblättern, einfache Mahlzeiten zubereiten, bei der Morgentoilette helfen, den Telefonhörer abnehmen und sich melden, eine Schreibmaschine bedienen und sonstige (für einen Gesunden triviale) Kleinigkeiten ausführen wie aus Salz- oder Pfefferstreuer die

Suppe würzen oder das Licht an- und abschalten. Das Problem liegt hier nicht in der Programmierung derartiger Hilfsroboter. Diese erfolgt genauso wie bei den Industrierobotern. Die Schwierigkeit liegt in der Bewältigung der »Schnittstelle« Mensch/Roboter. Je nachdem, welche Fähigkeiten beim Menschen ausgefallen sind, welche davon durch den Roboter durchgeführt werden sollen, ist das Programmrepertoire ein anderes. Aufstellungsort, Umgebung, Fixierung, Reichweite und Hilfsinstrumente sowie deren Anordnung relativ zum Roboter und zum auslösenden Menschen müssen individuell optimiert werden. Die Art der Befehlsübermittlung spielt eine große Rolle: Ist der Behinderte beweglich oder an ein Fahrzeug oder ein festes Lager gefesselt, kann er noch ein oder mehrere Körperglieder bewegen, kann er sprechen, kann er die Augen bewegen? Der Roboteringenieur muß zu dem Patienten ein Vertrauensverhältnis haben, muß der intime, auch psychologisch geschulte Berater sein. Eine gewisse Infrastruktur ist erforderlich: Anfertigung entsprechender Halterungen, Geräte, Gestelle etc.

Nehmen wir einmal an, der Patient sei völlig gelähmt, kann aber sprechen. Der Roboter kann also durch Ansprechen gesteuert werden. Wenn über die Umweltbedingungen und die Pflichten des Roboters Klarheit geschaffen ist, muß das benötigte Vokabularium festgelegt werden. Dieses wird zunächst recht klein sein, 20–30 Codeworte umfassen, bis beide, Mensch und Roboter gemeinsam Erfahrungen gemacht haben. Dann können das Vokabularium und die damit jeweils ausgelösten Robotertätigkeiten schrittweise erheblich erweitert werden. Beim Einlernen des Vokabulariums muß der Mikroprozessor im Spracherkennungsmodul des Roboters nicht in landläufigem Sinne »programmiert« werden. Der Patient, der künftig den Roboter benutzen wird (wir wollen ihn im weiteren den »Benutzer« nennen), muß dem Roboter die Codewörter, die dieser sich merken soll, *selbst* vorsprechen. Das hat folgenden Grund: Ein telefonisch Angerufener meldet sich meist mit seinem Namen. Trotzdem er nur »Meier« sagt, können wir feststellen, ob es sich um das sechsjährige Fritzchen Meier, um Herrn Meier oder Frau Meier oder um die alte Oma Meier handelt, weil jeder das Wort Meier in einer anderen Klangfarbe ausspricht. Würde man auf einem Bildschirm das gesprochene Wort Meier als Frequenzkurve aufzeichnen, so ergäbe sich bei Sohn, Vater, Mutter und Großmutter Meier ein unterschiedlicher Kurvenverlauf. Auf einen ganz einfachen Fall zurückgeführt: Der »Kammerton« a, Orientierungspunkt für das Stimmen jeder Art von Musikinstrument, hat eine Frequenz von 440 Schwingungen pro Sekunde. Immer, und unter allen Umständen. Trotzdem können wir sofort hören, ob dieser Ton a von einer Geige, einer Flöte, einem Klavier oder einer Trompete dargeboten wird. Diese unterschiedliche Klangfarbe wird dadurch erzeugt, daß die unterschiedlich große schwingende Luftsäule in den Instrumenten, ihr Resonanzkörper, ihre schwingenden Flächen (Saite der Geige, Blechfläche bei der Trompete) eine unterschiedliche Menge von sogenannten Oberschwingungen erzeugt, die die Klangfarbe bestimmen. Diese Oberwellen sind ganzzahlige Vielfache der Grundfrequenz, beim Kammerton also 440 Hz (Schwingungen je sec.).

1. Oberwelle: $2 \times 440 = 880$ Hz
2. Oberwelle: $3 \times 440 = 1320$ Hz
3. Oberwelle: $4 \times 440 = 1760$ Hz

usw.

Beim Menschen sind der Körperbau, die Größe der Stimmbänder, die Art des ausgestoßenen Luftstroms, die Knochen in Kopf und Thorax, die Größe der Mundhöhle etc. für Art und Anzahl der erzeugten Oberwellen verantwortlich. Es muß deshalb der Benutzer seinem Dienstroboter seine ganz persönlichen Frequenzmuster durch das Aussprechen der Codeworte beibringen. Dieses Muster jedes einzelnen Wortes wird im Spracherkennungsmodul des Roboters gespeichert. Vernimmt der Roboter ein an ihn gerichtetes Wort, so vergleicht er dessen Frequenzmuster mit den gespeicherten, bis er Übereinstimmung feststellt. Dieser Vorgang fällt unter den Oberbegriff »Mustererkennung« (Pattern Recognition). In der Datenverarbeitung wird dieser Ausdruck für das Identifizieren aller Arten von Mustern verwendet (z. B. Fingerabdrücke, Kristallschliffmuster, technische Zeichnungen, Unterschriftsvergleiche etc.). Der Dienstleistungsroboter ist sozusagen auf den Herrn dressiert. Werden die gleichen Kommandoworte von einer anderen Person ausgesprochen, so wird er darauf nicht reagieren. (Es sind heute noch eine Reihe prinzipieller Schwierigkeiten zu überwinden, wenn man für andere Einsatzfälle erreichen will, daß ein solcher Spracherkennungsmodul die Sprache von jedermann akzeptiert.)

Wie geht es nun bei unserem Dienstleistungsroboter weiter, der die Sprache des Benutzers lernen muß? Der Benutzer spricht das Codewort mehrmals in ein mit dem Roboter verbundenes Mikrofon. Nehmen wir an, das Wort sei »Teller«. Dieses Wort wird nun 10−20 Mal in das Mikrofon gesprochen, mal in etwas höherer Stimmlage, in fragendem Ton, in befehlendem Ton, mit Betonung der ersten oder der zweiten Silbe. Der Spracherkennungsmodul hat aus den dadurch geringfügig unterschiedlichen Frequenzmustern einen Mittelwert gebildet und diesen auf seinem nächsten freien Speicherplatz abgespeichert. Der Einlernvorgang für dieses Wort wird nun von Hand abgeschaltet. Durch Aussprechen des Wortes »Teller« wird von nun an ein Suchvorgang ausgelöst, der beendet wird, wenn der Spracherkennungsmodul das Frequenzmuster des Wortes »Teller« in seinem Speicher gefunden hat (wenn nicht, muß der Einlernvorgang in gleicher Weise noch mehrmals wiederholt werden). Nach Auffinden des gespeicherten Begriffes wird ein elektronischer Schalter gesetzt, wodurch beliebige Vorgänge ausgelöst werden können: Bei einem drukkenden Modul könnte man ein Programm anlaufen lassen, das die Buchstabenfolge t-e-l-l-e-r auf ein Papier druckt oder auf einem Bildschirm zeigt. Bei unserem Dienstleistungsroboter könnten wir veranlassen, daß er das Wort »Teller«, das vorher im Sprachsynthesemodul gespeichert wurde, nun durch den Lautsprecher ertönen läßt. Genauso könnten wir ihn veranlassen, in einem ganzen Satz auszudrücken, was er nun tun wird: »Einen Teller auf den Tisch stellen.« (Bei einem auf Spracheingabe reagierenden *Computer*

185

verfahren wir übrigens genauso: Bei Erkennen eines gesprochenen Wortes lassen wir das Programm das betreffende Wort in dem gespeicherten Wörterbuch (Thesaurus) aufsuchen. Von da ab ist die Prozedur die gleiche wie bei Eingabe über eine Tastatur.)

Unser Dienstleistungsroboter beginnt nach einer kleinen Pause mit der programmierten Durchführung des ihm akustisch übermittelten Befehls. Die kleine Pause dient dazu, um ihm Gelegenheit zu geben, ggf. auf das gesprochene Wort »halt« zu reagieren. Vernimmt und erkennt er dieses, so bricht er jedes Programm ab und kehrt in seine Grundstellung zurück: Der Benutzer hat es sich inzwischen anders überlegt.

Der Roboteringenieur sorgt für die initiale Einrichtung dieser Mensch/Maschine-Symbiose, übernimmt die laufende Pflege und Wartung, eventuell notwendige Ergänzungen und Änderungen, betreut den Benutzer bei einem eventuellen Modellwechsel etc.

Bereits im Jahr 1982 gelang es einem französischen Automobilingenieur, einen Renault R5 für eine Dame, die beide Arme verloren hatte, so herzurichten, daß der Wagen von ihr nur durch gesprochene Kommandos sicher durch den Pariser Großstadtverkehr gelenkt werden konnte. Ein so gelenktes Automobil ist zwar kein Roboter. Das Beispiel zeigt aber, wie zuverlässig eine derartige Spracheingabe heute bereits arbeiten kann.

Kann der Benutzer noch eine Hand oder einen Fuß bewegen, so vereinfacht sich die Kommandogabe an den Dienstleistungsroboter oder kann ergänzend verfeinert werden. Aber auch in Fällen, wo sich der Benutzer akustisch nicht mehr äußern kann, ist noch nicht alles verloren: Durch Augenbewegungen ggf. mit haftschalenartig angebrachter Reflexmarke oder auch nur durch Bewegung der Augenlider können Befehle an den Dienstleistungsroboter weitergegeben werden.

In anders gelagerten Fällen, wo es sich »nur« um den Ersatz eines oder mehrerer Körperglieder handelt, kann der Roboter auch, wie bei einer konventionellen Prothese, auf den Amputationsstumpf aufgesetzt werden (on-line-aid). Derartige intelligente Prothesen haben alle Möglichkeiten eines Roboters der dritten Generation: Sie können lernen (Eier-Beispiel!), sie können mit Temperatursensoren ausgestattet werden, mit frei rotierenden Handgelenken. Sie können mit Tastsinn ausgestattet werden, wobei die ertastete Oberfläche durch eine robotergesteuerte Vorrichtung auf Brust oder Rücken des Benutzers übertragen und so erlebt werden kann. Bei M.I.T. in Boston wurden bereits im Jahr 1962 Versuche dieser Art durchgeführt: Man glaubte damals noch nicht daran, daß es so relativ schnell gelingen würde, Menschen auf den Mond zu bringen und stattete daher Roboter zur Erkundung der Oberfläche entsprechend aus. Deren »Wahrnehmungen« der Umwelt sollten dann auf Personen im Space Centre auf der Erde übertragen werden, die großenteils auch die individuelle Steuerung dieser Roboter durchführen.

Die Steuerung der Prothese nach dem Willen des Benutzers erfolgt durch Erfassen und Verstärken der winzigen Ströme in den Nervenenden des Benutzers oder durch das Anspannen gewisser Muskeln. Beides muß unter fachkundiger Leitung geübt werden. Die

Fachleute für das Anpasen von Prothesen müssen zusätzlich die Schnittstellenbedingungen kennen und versorgen lernen, die der Dienstleistungsroboter an seinen Benutzer und der Benutzer an seine Prothese stellt.

Von hier aus verzweigt sich die Entwicklung: Ein Zweig geht in die Richtung des Organersatzes (implanted aids). Die Entwicklung von Steuerungsmöglichkeiten für Dienstleistungsroboter der beschriebenen Art werden hierfür neue Impulse geben. Wenn es heute bereits möglich ist, z. B. Herzschrittmacher ohne operativen Eingriff an ein verändertes Krankheitsbild beim Patienten durch magnetische oder induktive Beeinflussung »von außen« anzupassen, so ist der Schrittmacher dadurch noch nicht zum Roboter geworden. Er wird dieses erst, wenn er derartige Änderungen im Zustand des Schrittmacherträgers selbst feststellen und sich den geänderten Bedingungen zum optimalen Nutzen des Patienten anpassen kann. Andererseits werden Erfahrungen auf dem Gebiet des Organersatzes wieder auf die Steuerungsmöglichkeiten der Roboter rückwirken. Ein schnellerer Fortschritt auf diesem Gebiet ist durch den Ausbau der Expertensysteme zu erwarten.

Von den intelligenten Prothesen ist es nur ein kleiner Schritt zu intelligenten Werkzeugen: Etwa ein Mutternschlüssel, der nicht nur wie bisher üblich, ein von Hand einzustellendes maximal zulässiges, beim Anziehen der Muttern zu berücksichtigendes Drehmoment zuläßt. Der intelligente Mutternschlüssel berechnet mittels seiner Sensoren aus der feststellbaren Oberflächenhärte, der festgestellten Elastizität, der auf elektrischem Weg oder durch Ultraschall feststellbaren Materialeigenschaft, der Steigung der Gewindegänge etc. nicht nur das maximal zulässige Drehmoment selbst, sondern erzeugt auch dieses Drehmoment mittels eines seiner Servomotoren. Dieses kann an verborgenen und unzugänglichen Stellen geschehen. Oder trivialer: Wer hat sich nicht darüber geärgert, daß trotz Vorhandenseins eines mechanischen Büchsenöffners, der runde Büchsen meist, aber nicht immer so öffnet, daß man sich an der Schnittstelle nicht verletzt, er bei anders geformten Büchsen völlig versagt. Sardinenbüchsen oder länglich-ovale Fischkonserven lassen sich entweder nur durch Personen mit herkulischen Kräften oder prinzipiell nur zur Hälfte öffnen, so daß man den Inhalt nur unter Schwierigkeiten bruchstückweise herausholen kann. Millionen alter oder rheumaleidender Personen wären für ein Gerät dankbar, das grundsätzlich für das Thema »Aufschneiden geschlossener Behältnisse« eingesetzt werden kann und in einer Haushaltsausführung auch durch Anpassung des Haltens, des Drehens, durch Einsatz des richtigen Schneidewerkzeuges an richtiger Stelle unter richtigem Winkel auch das scheinbar triviale Problem des Büchsenöffnens für die Hausfrau löst. Die Möglichkeiten auf diesem Gebiet sind ungeheuer vielfältig: Intelligente Meßeinrichtungen, insbesondere für die Telemetrie auf medizinischem und technischem Gebiet, intelligente Vorrichtungen wie jene Skibindung, die sich nicht nur aufgrund mechanisch feststellbarer Abweichungen von erträglichen Belastungswerten öffnet, sondern z. B. auch die Zeitdauer der Belastung ins Kalkül zieht:

So kann, je nach Lebensalter und Temperatur, der menschliche Unterschenkel kurzzeitig eine erhebliche Torsionsbelastung aushalten, bevor er bricht. Die Bindung müßte also nicht sofort beim Auftreten von Torsionsbelastungen auslösen und damit den Skifahrer zu Fall bringen, sondern erst dann, wenn aufgrund des eingestellten Altersparameters, der durch Sensor festgestellten Temperatur und der festgestellten Zeitdauer der Belastung die zugelassenen Werte überschritten werden. Personenwaagen, die Bestrebungen zum Abnehmen dadurch erleichtern, daß sie nicht nur das augenblickliche Gewicht, sondern auch der Abstand zum einzustellenden Zielgewicht und eine jeweils zunehmende oder abnehmende Tendenz anzeigen. Lernhilfen, die sich auf das unterschiedliche Lerntempo der Adressaten einstellen: Manche Leute lernen langsamer als andere. Der Stoff ist dann in kleinere Einheiten einzuteilen, was nicht einfach durch Abbrechen an beliebiger Stelle erreicht werden kann. Manche Leute fangen langsam an und steigern das Lerntempo beträchtlich nach einem Aha-Effekt oder einer Motivation. Andere wiederum ermüden schnell. Nach anfänglichem raschem Fortschreiten muß auf einen niedrigeren Gang umgeschaltet werden. Derartiges läßt sich nur mit computergesteuerten Wissensbanken erreichen. In den Intensivstationen der Krankenhäuser müssen ständig an die 20 Werte je Patient überwacht werden. Wandert nur einer dieser Werte aus, so muß das richtige Mittel in ganz kurzer Zeit, manchmal innerhalb von 30 Sekunden appliziert werden, um den Tod des Patienten zu verhindern. Wir erinnern an die kurze Zeit, die ein Expert zur

Verfügung hat, um in einem Sonderfall ein Expert-System zu einem bestimmten Thema zu befragen. Der Expert ist hier der die Intensivstation überwachende verantwortliche Arzt, der die Informationen über jeden Patienten und das Bild des Patienten selbst auf seinem Bildschirm zur Verfügung hat. Er entscheidet bei Auswandern eines Wertes bei einem Patienten mit Hilfe des Entscheidungssystems, welches Medikament angewendet werden soll und aktiviert einen jedem Patienten zugeteilten speziellen Dienstleistungsroboter, der das betreffende Mittel dann einem Lager entnimmt und es dem Patienten verabfolgt. Würde der Arzt dieses persönlich tun, so müßte er sich mindestens einige Minuten von seinem Platz entfernen. In dieser Zeit könnte bei einem oder mehreren der anderen Patienten ein ebenfalls lebensbedrohender Ausfall angezeigt werden, der dann unversorgt bleiben müßte. Durch die Behandlung eines bedrohten Patienten mit einer ersten Gegenmaßnahme kann meist genügend Zeit gewonnen werden, um in Bereitschaft stehendes Pflegepersonal mit der weiteren Versorgung des Falles zu beauftragen.

Von den auf persönliche Dienstleistungen abgerichteten Robotern führt noch ein anderer Weg in eine interessante Entwicklungsrichtung: die »virtuellen Prothesen« (virtual aids). Prototypen hierfür sind für Querschnittgelähmte bereits in den USA, aber auch in Wien vorgeführt worden. Sie ermöglichen diesem Personenkreis ein annähernd normales Gehen ohne irgendwelche Apparate, nur mit Unterstützung der üblichen Unterarmkrücken. Je nach individuellen Gegebenheiten gesteuert durch Fingerdruck an den

Griffen der Halbkrücken, durch Anspannen noch beweglicher Muskelpartien, wird ein Steuerungsmechanismus aktiviert, wie er bei Industrie- und Dienstleistungsrobotern üblich ist. Die sonstige »Hardware« des Roboters, seine Gelenke, seine metallenen Stützen etc. entfällt. Verwendet wird die intakte, aber gelähmte organische »Hardware« des Benutzers. An bestimmten Körperstellen werden Elektroden angebracht, die durch Mikroprozessor-gesteuerte Muskelreizungen das Gehen wieder ermöglichen.

Diese Entwicklung kann wiederum durch eine weitere Art des Robotereinsatzes profitieren: Transportgeräte und Roboter können sich heute bereits auf Rädern oder Ketten rollend, schwimmend oder fliegend personell-, selbst- oder ferngesteuert fortbewegen. Es gibt aber zahlreiche Situationen, in denen dieses nicht möglich ist: Unwegsames, stark zerklüftetes Gelände sowohl im Freien als auch in Höhlungen, unter Überhängen oder geschlossenen Räumen. Hier kann bodengebundenes Vorgehen erforderlich werden, etwa zur Anbringung und Versorgung automatischer Sonden- und Peileinrichtungen, Transport von Hilfspersonal mit umfangreicher Ausrüstung, das Suchen nach Verschütteten in teilweise eingestürzten Gebäuden, das Vorgehen in vulkanisch aktiven Regionen oder die Erkundung von Himmelskörpern mit lebensfeindlichen Oberflächenbedingungen. Schon eine bodennahe Bewegung unter freiem Himmel ist mit einem Hubschrauber nicht immer möglich: Bei einem Hang kann eine Neigung von nur 30° bereits ausreichen, um bei einem in unmittelbarer Bodennähe fliegenden Hubschrauber das unter ihm durch den

Rotor gebildete Luftkissen regelrecht abrutschen zu lassen und den Hubschrauber gegen den Hang zu kippen.

Alle bisherigen Versuche, eine dem Gehen ähnliche Fortbewegungsart maschinell zu realisieren, sind bisher gescheitert. Erst die neuesten, mit Mikroprozessoren arbeitenden Regelsysteme bieten hier eine Chance. Ausführlich wird hierüber unter dem Titel »Maschinen zu Fuß« von Marc H. Raibert und Ivan E. Sutherland im »Spektrum der Wissenschaft« vom März 1983 berichtet. Unter anderem von einer sechsbeinigen »krabbelnden« Maschine, bei der drei Beine stets für eine momentane gleichgewichtsstabile Abstützung des Gerätes auf dem Untergrund sorgen, während die anderen drei Beine, entlastet, eine gleichgewichtsstabile Fixierung für den nächsten Schritt suchten. Mindestens sechs sämtlich rechnergesteuerte Beine sind bisher für eine derartige Maschine erforderlich.

Eine gänzlich andere Bewegungsart ist das Hüpfen nach Art der Känguruhs. Hier können wir von »dynamischem Gleichgewicht« sprechen, da ein sich so bewegender Körper für kurze Augenblicke kippen darf. Die Steuerung der Beine und des Körpers selbst sorgt dafür, daß dieses zwischendurch auftretende Kippen nur ganz kurze Zeit auftritt und dadurch im Durchschnitt eine ausreichende Stützfläche erhalten bleibt. Eine Reihe von »Wahrnehmungsorganen« wie ein Drucksensor an der Bodenberührungsstelle, Sensoren für Beinstellung, Beinwinkel und Beingeschwindigkeit, ein Sensor für die Beinlänge, die teleskopartig variabel ist, versorgen den Mikroprozessor mit genügend Daten, um die Beinbewegung sowie die relative Winkelstellung zum Körper und zum Boden zu steuern. Die in dem Artikel geschilderten Versuche werden an der Carnegie Mellon-Universität in Pittsburgh durchgeführt, einer Hochburg der Entwicklungsarbeiten zur künstlichen Intelligenz.

Durch die mit dieser Art der Roboterfortbewegung gewonnenen Erkenntnisse wird es möglich, Steuerung und Reizelektrodenanordnung, ergänzt durch ein paar Sensoren, in erweiterter Form für die virtuellen Prothesen der Querschnittgelähmten einzusetzen: Ohne jegliche Steuerung durch den Benutzer könnte die Elektronik dafür sorgen, daß die nicht willkürlich beweglichen Beine des Benutzers ihn im aufrechten Gleichgewicht halten.

Alle die in diesem Kapitel geschilderten Anwendungen der Robotertechnologie bedingen individuelle persönliche Beratung, ein ganz individuelles Anlernen und Einweisen in die Benutzung, eine intensive Markt- und Kundenpflege und eine entsprechende Infrastruktur, an der das Handwerk ebenfalls beteiligt ist. Da insbesondere die Unfallmedizin und das Rettungswesen in den letzten Jahren erhebliche Fortschritte gemacht haben und viele Patienten nun, wenn auch behindert, überleben, die sonst gestorben wären, genügt ein Blick in die Statistik (allein in der Bundesrepublik Deutschland über 100 000 Amputationen und 40 000 Gelähmte im Jahr, jeder siebente Einwohner der BRD ist schwerbehindert), um diesem Bereich neue Arbeitsplätze in der Größenordnung von 300 000 voraussagen zu können.

11. Kapitel:
Einige Gedanken in der Morgenröte

Angesichts der sehr gefährlichen Situation, in der sich die Bundesrepublik Deutschland befindet, haben wir ein Sachbuch geschrieben, das dem Laien einen ausreichenden Einblick in den Sinninhalt einer Anzahl von heutzutage häufig nur als Schrecksymbol verwendeter Schlagworte und deren Zusammenhang untereinander vermitteln soll. Unter dem Begriff »Laie« mögen sich auch diejenigen Experten und Fachleute anderer Disziplinen angesprochen fühlen, die die in diesem Buch behandelten Komplexe nur vom Hörensagen und nicht aus eigener Anschauung und Erfahrung kennen. Daß nicht nur wir, sondern auch viele andere unter den wenigen deutschen Experten mit ganzheitlichem Überblick die Situation unseres Landes für äußerst gefährlich halten, zeigt stellvertretend für viele andere ein am 6. November 1983 in der Nr. 45 von WELT AM SONNTAG erschienener Artikel »Deutschland – in der Rolle eines Entwicklungslandes«. Autor ist Rainer W. Hartenstein, Professor für Informatik an der Universität Kaiserslautern. Prof. Hartenstein sieht die deutsche Wirtschaft in der Krise der Wettbewerbsfähigkeit weltweit ins Hintertreffen geraten. Auf dem Hintergrund der bis zu 50 % jährlich betragenden Wachstumsraten der modernen Spitzentechnologien spielt die EG und insbesondere die Bundesrepublik eine bescheidene Statistenrolle. Die EG importiert bis zu 90 % des Verbrauches an elektronischen Bauelementen und gerät damit in gefährliche Abhängigkeiten. Ein verschärftes US-Embargo könnte uns in eine Krise ähnlich der Ölkrise stürzen. Hartenstein weist darauf hin, daß ein Großteil der innerhalb der EG produzierten integrierten Bausteine lizenzierte Nachbauten sind, bei der Mikroelektronik spricht er sogar von einer »Designer-Lücke«. Kein einziger Mikrorechner, der einen nennenswerten Marktanteil erreichte, wurde in der EG entwickelt. Hartenstein propagiert das »Learning bei Doing« und Hochschullehrer, die in vorderster Front arbeiten und ihre Schüler dadurch mitreißen. In den USA sind die Universitäten im Stand der Technik der Industrie meist weit voraus.

In Deutschland ist das leider nicht der Fall. Wir glauben, daß durch das in Amerika vorgeschriebene »Sabbatical«, die alle paar Jahre verlangte praktische Mitarbeit in der Industrie, die Professoren durch die dadurch erfahrenen Kenntnisse industrieller Belange in eine Entwicklungsrichtung gelenkt werden, die unmittelbar von der Industrie genutzt werden kann. Wir würden uns wünschen, daß auch in der Bundesrepublik Möglichkeiten gefördert und vorgeschrieben werden, um eine derart enge Verbindung zwischen Industrie und Forschung/Lehre herzustellen. Diese Überlegenheit in den USA entwickelt sich durch die in diesem Buch geschilderten Möglichkeiten wesentlich schneller als bisher, wodurch wir auch, wie Prof. Hartenstein meint »den Anschluß schneller als bisher verlieren, so daß wir mit viel katastrophaleren Folgen als bisher ins Hintertreffen geraten können«.

In der Öffentlichkeit besteht eine erstaunliche Unkenntnis über all diese Fakten.

Nun könnte der Leser meinen, daß das alles zu einfach dargestellt wurde und daß das Zusammenspiel der Wirkungsfaktoren in der Realität zu sehr viel komplizierteren, nicht mehr durchschaubaren Verhältnissen führe. Sicher haben wir, um das jeweils Prinzipielle klar herauszustellen, in vielen Fällen stark vereinfacht. Mit dem Auftrag zur Erarbeitung eines Ausweges versehene Professoren finden in der Wirklichkeit auch sehr viel kompliziertere, fast undurchschaubare Situationen vor. Diese aber sind erst dadurch so kompliziert und undurchschaubar geworden, weil sie durch zahlreiche Eingriffe auf pragmatischer Basis zur Behandlung von Augenblicks-Erfordernissen kompliziert wurden und sich daher weder organisch noch logisch entwickeln konnten. Wir sprechen dagegen von etwas anderem: Wir sprechen vom *Aufbau* neuartiger Wirkungsgefüge unter Verwendung der neu zur Verfügung stehenden Planungsmittel. Hiermit ist es möglich und bedeutet gutes Management, die Transparenz des Gesamtgeschehens immer zu wahren, die Vorgehensweise schnell erlernbar und nachvollziehbar zu machen und damit jeden Teilaspekt voll beherrschen zu können.

Lassen Sie uns zum Schluß, in der Morgenröte eines neuen Computerzeitalters noch eine vage Hoffnung ausdrücken: Der Ostblock wird, will er nicht gänzlich technologisch ins Hintertreffen geraten, sich auf irgendeine Weise an den Informationsmöglichkeiten der Expertensysteme beteiligen müssen. Hierbei wird die Aufgabe des Kontaktverbotes mit Westlern erforderlich werden. Der Ausbau der ohnehin schon vorhandenen Kontakte mit Wissenschaftlern des Ostblocks wird dieses in kurzer Zeit herbeiführen. Da jede Krise im Grunde genommen eine Informationskrise ist, wäre zu hoffen, daß hierdurch der Abbau von Gegensätzen und der Aufbau einer Vertrauensbasis in die Wege geleitet werden kann.

Wir würden uns freuen, wenn nicht nur unsere Regierung die Hergabe von Risikokapital massiv fördern würde, sondern auch die von der Automation oder Elektronikwelle profitierenden Unternehmen ebenfalls Risikokapitel für die Entwicklung interner avancierter Forschungsstätten wieder in vermehrtem Maße hergeben würden.

Möge es schließlich baldigst möglich gelingen, auch diejenigen zu überzeugen, die aufgrund falscher oder nicht existenter Beratung glauben, durch »organische Weiterentwicklung« der bisherigen Technologie ähnliches erreichen zu können, wie es die fünfte Generation ermöglichen soll und die von japanischem Größenwahn sprechen. Derartiges erinnert uns fatal an jene Geschichte, die man sich von einer ethnischen Minderheit erzählt, die von ihrem Spitzenleichtathleten behauptete, er könne die 100 Meter in fünf Sekunden laufen. Auf die Vorhaltung der Physiker und Sportärzte, daß es schon aus mechanischen Gründen unmöglich sei, die menschlichen Muskeln, Knochen und Gelenke so schnell zu bewegen und wie er es denn schaffen wolle, wurde geantwortet:

»Er kennt eine Abkürzung.«

Hiermit wird der Leser dem nun wieder einsetzenden Volksgemurmel überlassen, aus dem einige Gesprächsfetzen eine gewisse Relevanz zu den behandelten Themen aufweisen:

»Niemals zuvor gab es in der Geschichte der Menschheit eine bessere Zeit für technologischen Wechsel in Kombination mit der Fähigkeit, diesen Wechsel herbeizuführen«
Jonathan Allan, Massachusetts Institute of Technology (USA).

»Schnelles Handeln ist lebensnotwendig, wenn die Situation gerettet werden soll«
Robert Kovalsky, Imperial College of Science and Technology (UK).

»Wir tun nicht genügend in der Abschätzung der möglichen Konsequenzen dieser Entwicklungen. Angenommen, es gelingt Japan, seine Banken und Versicherungsgesellschaften in den Weltmärkten mit Hilfe dieser neuen Technologie wettbewerbsfähiger zu machen: Wo stehen dann unsere Banken und Versicherungsgesellschaften?«
Alex D'Agapejew, Consultants and Information Technology (UK).

»Nun haben wir die ›japanische Wissensbombe‹! Die zunehmende Computerabhängigkeit der Welt haben die Expert-Systeme zu einer Notwendigkeit gemacht, die für das Überleben der Menschheit unerläßlich ist. Von Anfang an auf der Basis menschlichen Denkens programmiert, können diese Systeme ein ›menschliches Fenster‹ in die zunehmend unzugänglichen Maschinen liefern. Das Konzept der fünften Generation verwirklicht eine lebenswichtige, auf Wissen basierende intelligente Schnittstelle zwischen der geballten brutalen maschinellen Fähigkeit der Datenbehand-

lung und der Mentalität und den Bedürfnissen des Be-
nutzers«
Donald Midgie, Machine Intelligence Research Unit,
Edinburgh University (UK).
»Ich glaube, daß dieses vielleicht die einzige intellek-
tuelle Entwicklung ist, die dadurch größten Einfluß
auf die menschliche Gesellschaft gewinnt, daß sie die
Qualität der Entscheidungsfindung hauptsächlich
durch unsere Regierungen verbessert«
Charles Read, ehemaliger Vorsitzender der Interbank
Research Organisation (UK).
»In zunehmendem Maße glauben jetzt die Leute dar-
an, daß in 10–15 Jahren die fünfte Computergenera-
tion zu einem neuen Computerzeitalter geführt haben
wird. Das ist Unsinn! Erste massive Auswirkungen
der fünften Generation werden in bereits zwei bis drei
Jahren die Nichtvorbereiteten treffen wie eine Tonne
Backsteine«
Marvin Minsky, Massachusetts Institute of Technology (USA).